Stefan Malter

OneNote für Lehrer

Praxis-Tipps für *Microsoft OneNote*
in Schule und Unterricht

Januar 2017

Der Blog zum Buch:

http://onenote-fuer-lehrer.de

Deutsche Erstausgabe Januar 2017

Für Vollständigkeit, Fehler redaktioneller oder technischer Art kann – auch wegen der schnellen Veränderungen in Gesellschaft, Bildung, Wirtschaft und Technik – keine Haftung übernommen werden.

ISBN-13:978-1539104155
ISBN-10:153910415X

Printed in Germany by Amazon Distribution GmbH, Leipzig

Über den Autor und dieses Buch

Ich bin davon überzeugt: *Microsoft OneNote* ist die perfekte Software-Lösung, um Deinen Alltag als Lehrer dauerhaft zu vereinfachen. Mit *Microsoft OneNote* arbeitest Du organisierter und effizienter. Du kannst Deinen Unterricht kreativer gestalten. Davon profitierst nicht nur Du, sondern auch Deine Schüler.

In diesem Buch möchte ich Dir die Möglichkeiten dieses mächtigen Programms vorstellen und Dich als Lehrer bei Deinen ersten Praxis-Schritten mit *OneNote* begleiten. Zudem habe ich in den Kapiteln typische Beispiele aus dem Schulalltag gesammelt, die Dir im besten Fall als konkrete Anregungen dienen können.

Mein Name ist Stefan Malter. Ich bin Diplom-Journalist und seit vielen Jahren als Medientrainer im Einsatz. Aktuell arbeite ich hauptberuflich als Dozent an der Technischen Universität Dortmund sowie als Chefredakteur beim TV-Lernsender *nrwision*, dem Ausbildungs- und Erprobungsfernsehen für Nordrhein-Westfalen. Dort setze ich bereits seit vielen Jahren *OneNote* ein. Seit 2015 betreue ich den erfolgreichen Blog *„OneNote für Lehrer"* – mittlerweile mit mehreren tausend Lesern pro Monat. Ich würde mich freuen, wenn der ein oder andere Lehrer nun auch von diesem Buch profitieren kann.

Wir werden in diesem Buch eng zusammenarbeiten. Deshalb möchte ich Dir der Einfachheit halber direkt das „Du" anbieten und Dich in diesem Buch persönlich ansprechen. Also: Ich bin Stefan, und ich freue mich jetzt auf eine produktive und lehrreiche Zeit mit Dir.

Inhaltsverzeichnis

Teil 1

Einführung

OneNote verstehen

1.1 Überzeugungsarbeit: *OneNote* macht Dein Leben als Lehrer einfacher!

Jeder Lehrer hat sein eigenes Ordnungssystem – meist über viele Berufsjahre aufgebaut, aber oft seit langer Zeit eher stiefmütterlich behandelt: Dicke Ordner stapeln sich in Deinem Arbeitszimmer – teilweise noch aus dem Studium. Sie nehmen in Deinem Regal jede Menge Platz weg. Dabei ist der Großteil Deiner mühselig abgehefteten Arbeitsblätter und Mitschriften schon längst veraltet. Aussortieren und wegwerfen fällt Dir trotzdem unendlich schwer.

Hand aufs Herz: Wann hast Du Deine Ordner eigentlich zuletzt nach konkreten Inhalten durchforstet und wirklich genutzt?

Immerhin: Seit einigen Jahren verwaltest Du Deine Unterlagen vermutlich schon am Computer. Du hast Dir eine komplexe Ordnerstruktur ausgedacht, und alle Dateien erstellst Du mit PC-Programmen wie *Microsoft Word* oder *OpenOffice*.

Trotz ausgeklügelter Dateinamen verlierst Du aber regelmäßig den Überblick: Du weißt nicht mehr sicher, welche Dateiversion doch gleich die aktuellste war und wo Du vor zwei Jahren diesen einen wichtigen Elternbrief gespeichert hast. Du hast außerdem einen USB-Stick, den Du in Deiner Tasche hin und her trägst - mit längst geänderten Projektskizzen und sonstigen Datei-Leichen. Außerdem schlummern in Deinem hoffnungslos überfüllten E-Mail-Postfach noch wichtige Dokumente Deiner Lehrerkollegen, die Du „irgendwann" auch noch „irgendwo" abspeichern willst. Vielleicht.

- Wie praktisch wäre es doch, alle Arbeitsblätter, Schülernotizen und sonstige Unterlagen an einem zentralen Ort zu haben – und sie gleichzeitig überall und auf allen Geräten nutzen zu können: Mal eben auf dem Smartphone die aktuellen Zensuren nachschlagen, mal eben am Schulrechner einen Unterrichtstext korrigieren, mal eben die Klassenfahrt-Infos auf dem Tablet durchblättern ...

- Wie praktisch wäre es, sämtliche vorhandene Unterlagen in Sekundenschnelle durchsuchen zu können – zum Beispiel nach einem aktuellen Unterrichtsthema oder nach einem Fachschaftsbeschluss ...

- Wie praktisch wäre es, gemeinsam mit Kollegen eine Projektwoche zu organisieren – komplett online, so dass jeder jederzeit dieselben Infos zur Verfügung hat und alle Beteiligten ihre Anmerkungen für alle sichtbar hinzufügen können ...

- Wie praktisch wäre es, weitere Elemente wie Fotos, Skizzen, E-Mails, Tafelbilder, Internetseiten oder Videos an demselben Ort einfügen zu können und sie jederzeit griffbereit zu haben, ohne dafür zu einem Computer-Profi werden zu müssen?

Besserer Lehrer dank *OneNote*

Ich habe es in der Einleitung bereits gesagt: *OneNote* kann auch Deinen Alltag als Lehrer erheblich vereinfachen! *OneNote* kann Dich bei der Organisation der täglichen Arbeit unterstützen und Dir dabei viel Zeit sparen. *OneNote* kann dafür sorgen, dass Du Dich endlich wieder mehr auf Deine Inhalte konzentrieren kannst - statt auf die Verwaltung von Daten und Unterlagen. *OneNote* fördert die Kreativität in Dir und hilft Dir dabei, mit multimedialen Elementen endlich wieder abwechslungsreichen Unterricht zu gestalten.

***OneNote* macht Dich zu einem besseren Lehrer. Und das Beste: *OneNote* ist für alle Nutzer komplett kostenlos!**

Vorab wünsche ich mir nur einen kleinen Vertrauensvorschuss von Dir als Leser. Ich selbst bin nämlich eigentlich kein klassischer Lehrer und habe auch nur wenig Erfahrung mit dem praktischen Schulalltag. Aber ich bin ganz nah dran: Mein Partner ist seit vielen Jahren Lehrer für verschiedene Fächer und Schulformen. Der ständige Austausch mit ihm und mit vielen seiner Kollegen hat mir deutlich gemacht, welche Probleme Lehrer dabei haben, sich effizient zu organisieren. Ich bin mir sicher, dass *OneNote* viele ihrer alltäglichen Probleme lösen kann. Als Journalist, Medientrainer und Dozent an der Uni bringe ich zudem auch eigene

Erfahrungen als Lehrender mit. Dabei nutze ich *OneNote* schon seit vielen Jahren – beruflich und privat. Auch dieses Buch ist übrigens größtenteils in *OneNote* entstanden.

Meine Anregungen in diesem Buch sind natürlich immer nur ein Angebot. Du entscheidest am Ende selbst, welche Ideen Du in Deinen Lehreralltag integrieren möchtest – für Deine praktische Unterrichtvorbereitung oder Deine persönliche Organisation. Vielleicht fallen Dir beim Lesen ja noch weitere sinnvolle Einsatzmöglichkeiten für *OneNote* ein.

Ich möchte Dir in den folgenden Kapiteln den Einstieg so einfach wie möglich machen und Dich bei Deinen ersten Schritten mit dieser mächtigen Software-Lösung begleiten. Außerdem stelle ich Dir einige Beispielszenarien für die Schule vor, die Du leicht an Deine Bedürfnisse anpassen kannst. Hab keine Angst: Auch Deine bereits bestehenden Unterlagen und sonstige Dokumente bekommen wir mit *OneNote* in den Griff!

Los geht's – am besten direkt mit dem nächsten Kapitel!

1.2 Was ist *OneNote*? Was kann *OneNote*?

„Wenn OneNote so toll sein soll: Warum kennt das dann kaum jemand?" – Diese Frage hat mir mein Freund immer wieder gestellt, wenn ich ihn von *OneNote* als perfekte Lösung für den Lehreralltag überzeugen wollte.

Tatsächlich ist *OneNote* bereits seit 2003 fester Bestandteil von *Microsoft Office*. Dieses bekannte Software-Paket haben Millionen Menschen auf ihrem Heim-PC installiert. Die darin enthaltenen Standard-Programme wie die Textverarbeitung *Word* oder das Mail-Programm *Outlook* kennen und nutzen die meisten von ihnen, wenn sie zum Beispiel einen Brief oder eine E-Mail schreiben. Auch das Präsentations-Tool *PowerPoint* und die Tabellenverarbeitung *Excel* sind mittlerweile vielen bekannt. Vor allem für berufliche Zwecke kommen die Programme zum Einsatz. Die meisten Menschen kennen und nutzen übrigens nur einen Bruchteil der vielen angebotenen Funktionen.

OneNote dagegen wurde von *Microsoft* selbst anfangs kaum beworben und eher stiefmütterlich behandelt. Es schlummert auf den meisten privaten Computern mit *Microsoft Office* als bislang unentdeckter Software-Schatz.

Immer bekannter, immer mehr Funktionen

In den vergangenen Jahren hat sich der Bekanntheitsgrad von *OneNote* endlich stark gesteigert. Die Software hat mit den Jahren und von Version zu Version immer mehr Funktionen spendiert bekommen. Dank der Integration in die *Microsoft*-Cloud *OneDrive* (früher: *SkyDrive*) kann sie mittlerweile ihre Stärken voll ausspielen. Auch der Siegeszug von Smartphones sowie den Tablet-PCs mit ihrer intuitiver Touch- und/oder Stift-Bedienung kam dem Bedürfnis nach einer Art „digitalem Notizbuch" aus meiner Sicht ebenfalls entgegen.

Das bislang einzige ernstzunehmende Konkurrenzprogramm heißt *Evernote*. Es hatte sich zwischendurch einen Vorsprung in der Beliebtheit erarbeitet und sich in demselben Aufgabenbereich positioniert – mit einer kostenlosen Version, in der einige Funktionen nur eingeschränkt nutzbar sind. *Microsoft* musste deshalb reagieren: Mittlerweile steht *OneNote* für alle Anwender komplett kostenlos zur Verfügung – auf allen Endgeräten vom Handy über Tablet bis hin zum Desktop-Rechner. Auf Smartphones mit dem hauseigenen Betriebssystem *Windows Phone* bzw. *Windows 10 Mobile* ist *OneNote* vorinstalliert. Die Apps für *Apple*- und *Android*-Geräte gibt's gratis als Download im jeweiligen App-Store. So kann wirklich jeder Nutzer seine Notizen auf nahezu jedem Geräte-Typen ansehen und flexibel bearbeiten. Auch in einem Internet-Café, an einem Hotel-Rechner im Urlaub oder zu Besuch bei Freunden kannst Du *OneNote* nutzen: Dafür gibt es eine Online-Version mit einer vereinfachten Web-Oberfläche, die in jedem gängigen Internet-Browser läuft.

Die Vorteile von *OneNote*

Ein digitales Notizbuch also. Wer *OneNote* konsequent nutzt, kann tatsächlich seinen gebundenen Kalender, sein Notizheft und seine Zettelwirtschaft komplett aufgeben. Du sparst auf Dauer jede Menge Papier: Schnelle Skizzen oder handgeschriebene Notizen sind mit dem Programm kein Problem. Doch anders als ein kleines „echtes" Büchlein kann Dein digitales Notizbuch nicht so leicht verloren gehen. Du kannst alle Infos nämlich nicht nur stationär auf Deinem Computer speichern, sondern auch online in der Cloud hinterlegen.

In der Einleitung habe ich Dir noch mehr Möglichkeiten versprochen, die Dich jetzt hoffentlich nicht abschrecken: Prinzipiell lässt sich in *OneNote* nicht nur Text, sondern jede Art von Grafiken, Bildern, Listen, Dokumenten und sonstigen Notizen verwalten. Besser noch: Du kannst in *OneNote* zahlreiche multimediale Inhalte wie E-Mails, ganze Webseiten, Videos und vieles mehr einfügen. Du kannst auch echte Briefe einscannen oder abfotografierte Tafelbilder einfügen, genauso wie Landkarten und sonstige Bildschirmausschnitte. Wenn Du eine Buchseite oder einen Zeitschriftenartikel einscannst, erkennt *OneNote* sogar den Text in dem Bild, so dass Du gezielt nach Inhalten suchen kannst.

Genial sind auch die Möglichkeiten der Zusammenarbeit via Internet: Die Inhalte in Deinem digitalen Notizbuch kannst Du mit wenigen Klicks mit Lehrerkollegen,

Schülern oder auch Eltern teilen. Wenn Du willst, kannst Du mit ihnen gemeinsam an einzelnen Abschnitten arbeiten und so alle Beteiligten auf demselben Stand halten. Und: Alle Inhalte kannst Du in andere Dateiformate exportieren und für die weitere Bearbeitung abspeichern, zum Beispiel als *PDF*- oder *Word*-Datei. Natürlich kannst Du sie auch ganz herkömmlich auf Papier ausdrucken. Flexibler geht's wirklich nicht!

OneNote kommt also der sogenannten „eierlegenden Wollmilchsau" schon sehr nahe. Du wirst erstaunt sein, wie die Software Dich bei vielen Arbeitsschritten intuitiv unterstützt. Wenn Du Dich jetzt von den vielen erwähnten Funktionen überrumpelt fühlst, dann mach Dir bitte keine Sorgen: Wie das alles mit *OneNote* ganz einfach funktioniert, erkläre ich Dir in diesem Buch – Schritt für Schritt mit anschaulichen Beispielen.

Mir ist im ersten Schritt wichtig, dass Du das Prinzip von *OneNote* gut verstehst und verinnerlichst. So kannst Du Dein neu erworbenes Wissen später besser auf Deine persönlichen Bedürfnisse übertragen. Deshalb möchte ich Dich vorab mit der Grund-Logik des Programms vertraut machen.

1.3 Ordnung und Logik in *OneNote*

Wenn wir uns in den folgenden Kapiteln praktisch mit *OneNote* beschäftigen, kannst Du nichts kaputt machen. Ich möchte Dich vielmehr dazu ermutigen, alle Funktionen auch selbst auszuprobieren. *OneNote* kommt Dir entgegen und ist voll flexibel: Alle einmal angelegten Notizbücher, Abschnitte und Seiten kannst Du in *OneNote* frei benennen, umbenennen, verschieben oder wieder löschen. Du kannst also Dein Ordnungssystem jederzeit neu anpassen und Funktionen bedenkenlos ausprobieren, ohne dass Du dabei Deine bestehende Sammlung von Dokumenten und Unterlagen gefährdest oder gar verlierst.

Notizbücher, Abschnitte, Seiten: Das sind unterm Strich schon die wichtigsten Elemente, die ab sofort mehr Ordnung in Deine Unterlagen und Notizen bringen sollen. Dabei orientiert sich die Oberfläche von *OneNote* auch optisch daran, wie typische Aktenordner oder Kladden in Büros angelegt und archiviert werden.

Schau Dir mal diese Mappen an, die ich so oder so ähnlich über viele Jahre selbst beruflich genutzt habe:

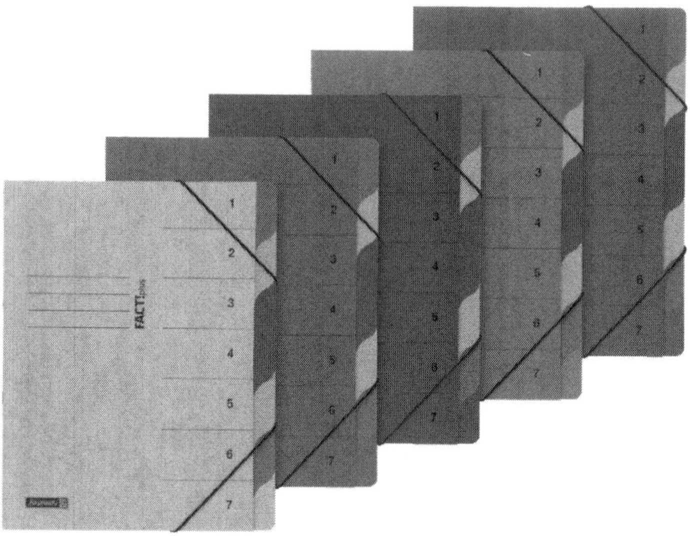

Abbildung 1.3.1: handelsübliche Ordnungsmappen

Diese Ordnungsmappen finde ich wegen der farbigen Trenner so praktisch. Ich kann sie für unterschiedlichste Kategorien beschriften und meine Papiere und Unterlagen dazwischen einsortieren. So finde ich sie immer wieder.

Genau dieses Ordnungsprinzip nutzt auch *OneNote* für die optische Darstellung am Bildschirm – mit dem Vorteil, dass Du unendlich viele Notizbücher, Trenner und Blätter anlegen kannst, ohne irgendetwas davon im Laden für teures Geld nachkaufen zu müssen - und ohne dass Deine Schultasche noch schwerer wird. Willkommen in der digitalen Welt!

OneNote-Notizbücher für jeden Zweck

Also: Für jeden übergeordneten Zweck kannst Du Dir in *OneNote* ein separates Notizbuch anlegen, zum Beispiel jeweils ein Notizbuch für ein Unterrichtsfach wie Deutsch, Mathematik, Biologie oder Erdkunde. Dasselbe gilt für weitere Zwecke: ein Notizbuch für alle Infos rund um Deine Schüler, ein Notizbuch für Klassenfahrten oder ein Notizbuch für kommende Projektwochen.

Vielleicht hast Du Dir auf dem Computer bereits eine ähnliche Ordnerstruktur für Deine Dateien angelegt. Du wirst sehen: Dank *OneNote* kannst Du bald in Deinen Unterlagen viel schneller etwas suchen und finden als in vielen einzeln abgelegten Dateien, die Du ja mühselig einzeln öffnen und schließen musst.

Schau Dir mal die Beispiele auf den folgenden Abbildungen an, die ich für Dich in *OneNote* angelegt habe. So oder so ähnlich könnten Deine ersten Notizbücher vielleicht aussehen:

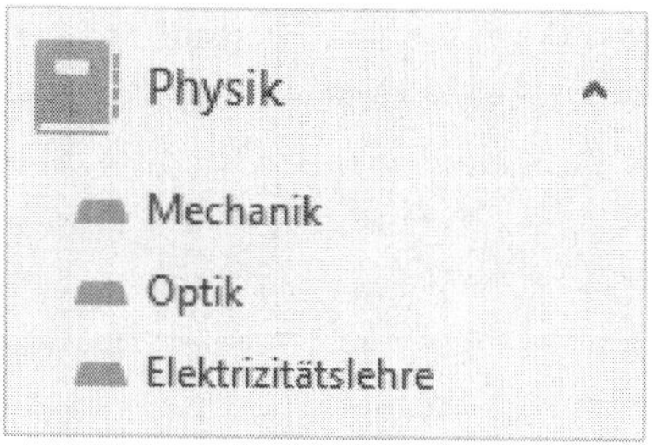

Abbildung 1.3.2: Beispiel-Notizbuch für das Fach Physik

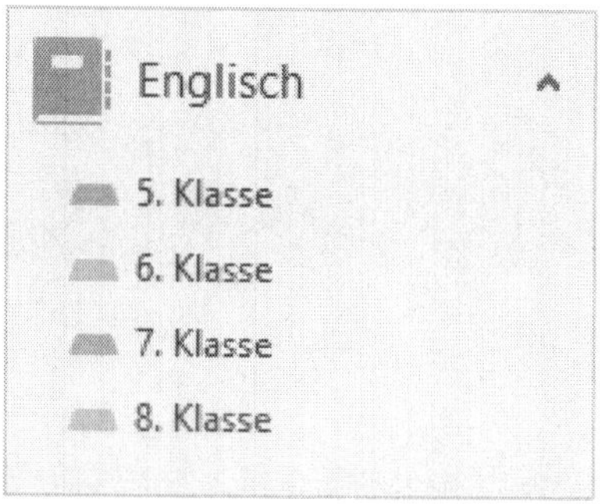

Abbildung 1.3.3: Beispiel-Notizbuch für das Fach Englisch

Abbildung 1.3.4: Beispiel-Notizbuch für Klassenfahrten

In einem Notizbuch kannst Du nach Belieben eigene Abschnitte anlegen und frei benennen. Die Abschnitte entsprechen dabei den farbigen Trennseiten in einer echten Ordnungsmappe *(vgl. Abb. 1.3.1)*.

In einem Notizbuch für ein spezielles Schulfach könntest also Du zum Beispiel einzelne Abschnitte für aktuelle Klassen anlegen, vielleicht auch für Unterrichtseinheiten – analog zu den Themenfeldern oder Lektionen in einem Schulbuch. In einem Notizbuch für Klassenfahrten könntest Du nach demselben Prinzip zum Beispiel Abschnitte für die verschiedenen Reiseziele anlegen.

Die Farben der Notizbücher und Abschnitte kannst Du aus einer Vorauswahl selbst festlegen – ganz nach Deinem persönlichen Geschmack und so, dass Du selbst bei umfangreicheren Notiz-Sammlungen in *OneNote* noch den Überblick behältst. Keine Sorge: Wie das konkret funktioniert, erkläre ich in den folgenden Kapiteln. Zu diesem Zeitpunkt sollen Dir die Notizbücher in den Abbildungen nur als Beispiele fürs bessere Verständnis dienen.

Mehr Ebenen, mehr Struktur

So eine einfache Notizbuch-Struktur ist erst der Anfang. Für Deinen Schulalltag brauchst Du vermutlich eine komplexere Struktur mit vielen weiteren Ebenen. Das ist in *OneNote* kein Problem, wie die folgende Abbildung zeigt.

Abbildung 1.3.5: Beispiel-Notizbuch für das Fach Deutsch

Du kannst die Hierarchie in Deinem Notizbuch also erweitern, zum Beispiel mit Abschnittsgruppen. Mit den Abschnittsgruppen kannst Du mehrere Abschnitte sinnvoll zusammenzufassen bzw. gruppieren. Auch die einzelnen Seiten, die Du später wie in der klassischen Ordnungsmappe anlegst, kannst Du auf mehreren Ebenen sortieren – ähnlich wie Du es vielleicht schon von Unter-Unterordnern in *Windows* kennst. Dass Du in *OneNote* aber viel flotter zwischen den einzelnen Abschnitten hin- und herspringen kannst, wirst Du bald sehr wertschätzen.

Teil 2

Vorbereitung

OneNote einrichten

2.1 *OneNote* installieren

Wie in der Einleitung beschrieben gibt es *OneNote* für nahezu alle Geräte und Betriebssysteme. Zwischen den Versionen sind jedoch kleinere Unterschiede in der Bedienung oder im Funktionsumfang möglich. So unterscheidet sich zum Beispiel die volle Desktop-Software zur Zeit noch deutlich von der Touch- und Stift-optimierten *Windows*-App. Auch die Apps für *iOS*, *Android* und *Windows Mobile* sind in der Bedienung an das entsprechende Smartphone angepasst.

Die wichtigsten Funktionen enthält aber grundsätzlich jede Version. Das heißt also: Du kannst alle Notizen im Prinzip auf jedem vorhandenen Gerät problemlos anschauen und gleichberechtigt bearbeiten.

2.1.1 *OneNote* auf einem Desktop-PC installieren

OneNote gibt es seit 2003 als klassisches Desktop-Programm, je nach *Microsoft-Office*-Version als *OneNote 2003*, *OneNote 2007*, *OneNote 2010*, *OneNote 2013* oder *OneNote 2016*. Die neueste Version wird sogar als kostenloser Download und unabhängig vom bekannten Office-Paket angeboten. Daher beschreibe ich in diesem Abschnitt die Installation dieser Version.

Nicht verwechseln: Mit dem Marktstart von *Windows 8* hat *Microsoft* erstmals auch eine sogenannte *Windows*-App von *OneNote* veröffentlicht, die ebenfalls gratis ist. Seit *Windows 10* ist diese in der Regel vorinstalliert. Die App wurde vor allem für touch- und stiftoptimierte Systeme wie Tablet-PCs entwickelt. Aktuell bietet sie aber deutlich weniger Funktionen als die Standard-Version für den klassischen Desktop. Ich stelle Dir die App im darauffolgenden Kapitel vor.

Vorab-Check: Hast Du *OneNote* schon auf dem Computer?

Wenn Du bereits Programme wie *Word*, *Excel* oder *Outlook* verwendest, ist die Chance hoch, dass Du das komplette *Office*-Paket von *Microsoft* und damit auch *OneNote* längst auf Deinem PC hast. Das kannst Du ganz einfach überprüfen:

1. Drücke die *Windows*-Taste auf Deiner Tastatur, so dass sich das Startmenü bzw. der Startbildschirm öffnet.

2. Wenn Du jetzt auf der Tastatur *„onenote“* eintippst und *OneNote* auf Deinem Computer installiert ist, erscheint der entsprechende Eintrag zum Programm im Startmenü:

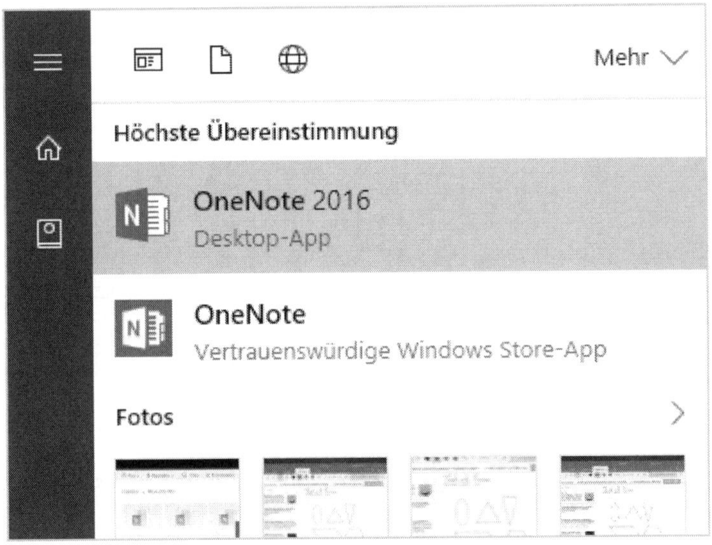

Abbildung 2.1: OneNote im Startmenü unter Windows 10

Ob Du bereits die komplette Desktop-Version von *OneNote* oder bislang „nur“ die eingeschränkte und vorinstallierte *Windows*-App (s. Abbildung) auf Deinem Computer hast, erkennst Du an dem Eintrag im Startmenü. Die Vollversion ist immer mit der entsprechenden Jahreszahl benannt, hier z.B. *„OneNote 2016“*. Die App aus dem *Windows-Store* dagegen hat keine solche Endung.

Wenn die Vollversion bereits auf Deinem Computer installiert ist, kannst Du den folgenden Abschnitt natürlich überspringen.

Download und Installation von *OneNote 2016*

Wenn Du schon einmal ein Programm auf dem PC installiert hast, sollte Dir die Installation von *OneNote* leicht fallen. Die folgende Schritt-für-Schritt-Anleitung können aber hoffentlich auch absolute Einsteiger gut nachvollziehen und den Prozess selbständig bewältigen.

Schritt 1:

Rufe die offizielle Download-Seite von *OneNote* auf:

http://www.onenote.com/download

Unter dieser Adresse findest Du den Link für die Installationsdatei, außerdem noch weitere Infos, Anleitungen und Videos rund um *OneNote*. Nimm Dir gerne ein wenig Zeit zum Stöbern und Entdecken.

Schritt 2:

Klicke auf die Schaltfläche *„Kostenloser Download"*. Die Installationsdatei wird dann auf Deinem Computer gespeichert. Sie ist mit nur 1 MB vergleichsweise klein. Während der Installation werden alle weiteren notwendigen Inhalte aus dem Internet heruntergeladen.

Die heruntergeladene *Setup*-Datei für die deutsche Version von *OneNote* trägt die sperrige Bezeichnung *„setuponenotefreeretail.x86.de-de_.exe"*. Sie ist für alle 32bit-Versionen von *Windows*-Rechnern gedacht. Auf der Website findest Du unter *„Weitere Downloadoptionen"* auch eine 64bit-Version, die für neuere Rechner gedacht ist. *Microsoft* selbst empfiehlt die 32bit-Version „für optimale Kompatibilität". Wenn Du Dir unsicher bist, ist die 32bit-Version die beste Wahl.

Schritt 3:

Mit einem Doppelklick auf die heruntergeladene Datei kannst Du die Installation auf Deinem Computer starten. Lies Dir die Anweisungen auf dem Bildschirm in Ruhe durch. Du kannst bei der Installation kaum etwas falsch machen und musst die meisten Schritte einfach nur mit *„OK"* bestätigen.

Abbildung 2.2: Installation von OneNote als Teil von Microsoft-Office

Je nachdem, wie Dein Computer eingerichtet ist und ob er schon irgendwelche früheren *Office*-Versionen beherbergt, läuft die Installation zwar größtenteils automatisch, aber trotzdem nicht immer gleich ab. Es kann sein, dass Du am Ende der Installation nur mit einem *Microsoft*-Konto weiterkommst und Dich mit selbigem für die Nutzung von *OneNote* anmelden musst.

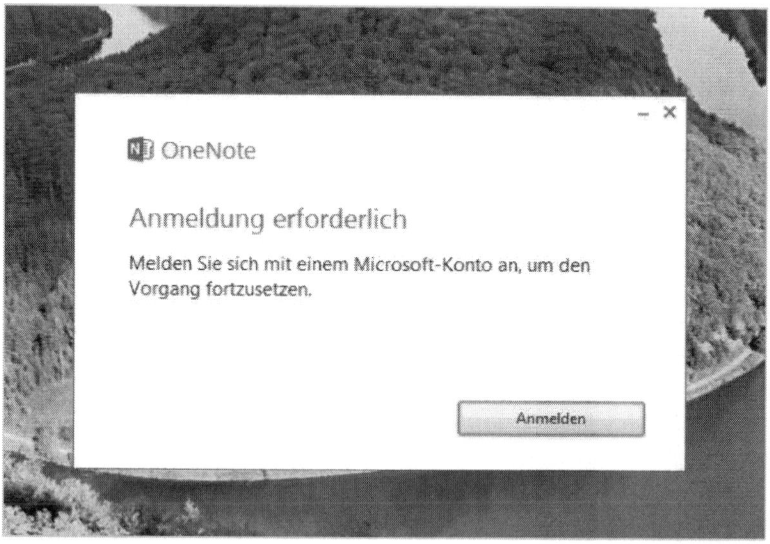

Abbildung 2.3: OneNote erfordert eine Anmeldung mit Microsoft-Konto

Wenn Du *Windows 8*, *Windows 10* oder ein *Windows*-Smartphone nutzt, hast Du Dir vermutlich schon mal ein kostenfreies *Microsoft*-Konto eingerichtet. Dann kannst Du Dich mit den Zugangsdaten direkt in *OneNote* anmelden *(s. Abb. 2.4)*.

Wenn Deine Mail-Adresse bislang noch nicht bei *Microsoft* bekannt ist, wirst Du an dieser Stelle vermutlich gebeten, Dich für ein neues Konto zu registrieren. In jedem Fall ist so ein Konto nützlich. Ich werde Dir in einem der nächsten Kapitel erklären, wie Du zum Beispiel dank *Microsoft*-Konto die kostenlose Cloud *„OneDrive"* nutzen kannst. So kannst Du Deine *OneNote*-Notizbücher, alle Deine sonstigen Dateien und – wenn Du magst – auch Deine E-Mails gesammelt an einem praktischen Ort verwalten und online darauf zugreifen.

Auch wenn Du diese Zusatz-Optionen nicht nutzt: Das *Microsoft*-Konto hilft der Software dabei, Dich zu identifizieren und ggf. Deine Programm-Einstellungen auf verschiedenen Rechnern zu synchronisieren. Sensible persönliche Dateien musst Du bei der Registrierung nicht preisgeben, wenn Du nicht willst.

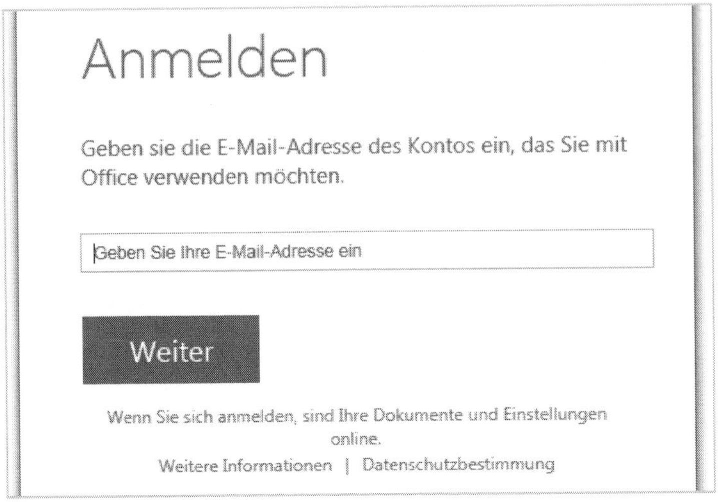

Abbildung 2.4: Anmeldung mit Microsoft-Konto

OneNote **starten und loslegen**

OneNote startet sich nach der Installation in der Regel selbst und bereitet im ersten Schritt die Nutzeroberfläche für die erste Verwendung vor. Üblicherweise begrüßt Dich das Programm danach mit einem Beispiel-Notizbuch und einfachen Skizzen, die Dir die Funktionen von *OneNote* vorstellen sollen. Schau Dich auch hier einfach mal um und stöbere nach Lust und Laune auf den Seiten. Du kannst nichts kaputt machen!

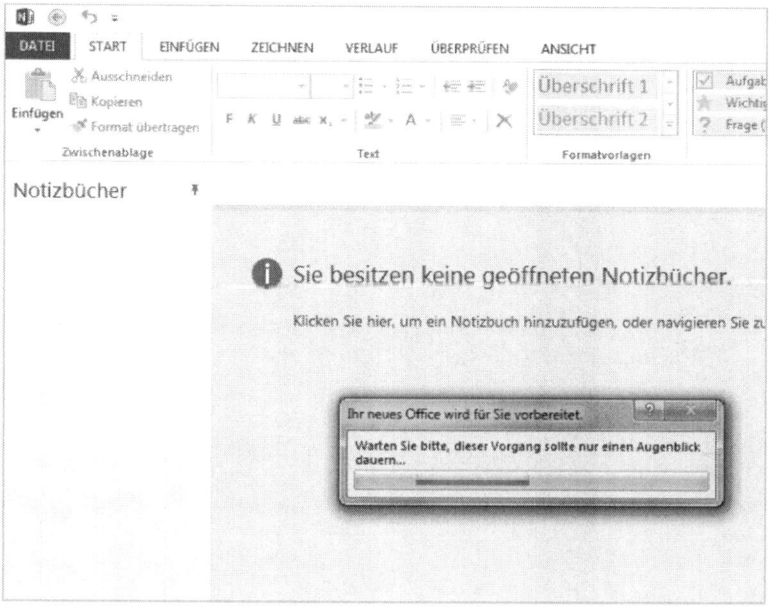

Abbildung 2.6: OneNote wird eingerichtet

In jedem Fall sieht die Oberfläche jetzt noch herrlich aufgeräumt aus. Wenn Du *OneNote* voll beherrschst und mit mehreren Notizbüchern jonglierst, wirst Du beobachten können, wie der Umfang mit Deinen Ideen und Deinem Engagement immer weiter wächst.

2.1.2 OneNote-App für Windows 10

Mit der Veröffentlichung des neuen Betriebssystems *Windows 10* wollte die Firma *Microsoft* unbedingt wieder punkten: Das lang vermisste Startmenü kam zurück, und die meisten Benutzer erhielten das Upgrade kostenlos. Außerdem wurden die neuen *Universal Apps* eingeführt, die auf allen Systemen wie PCs, Tablets und Smartphones komfortabel zu bedienen sein sollen. Zu diesem Anlass wurde auch die kostenlose *OneNote*-App runderneuert.

Im Gegensatz zum vollständigen Desktop-Programm hat die *Universal App* aber deutlich weniger Funktionen. Dafür ist sie auf die einfache Bedienung per Touch-Gesten oder Stiftbedienung ausgelegt. So kann sie auf modernen Tablet-PCs ihre Stärken voll ausspielen, zum Beispiel mit den Handschrift-Optionen, die ich Dir später im Buch noch zeigen werde.

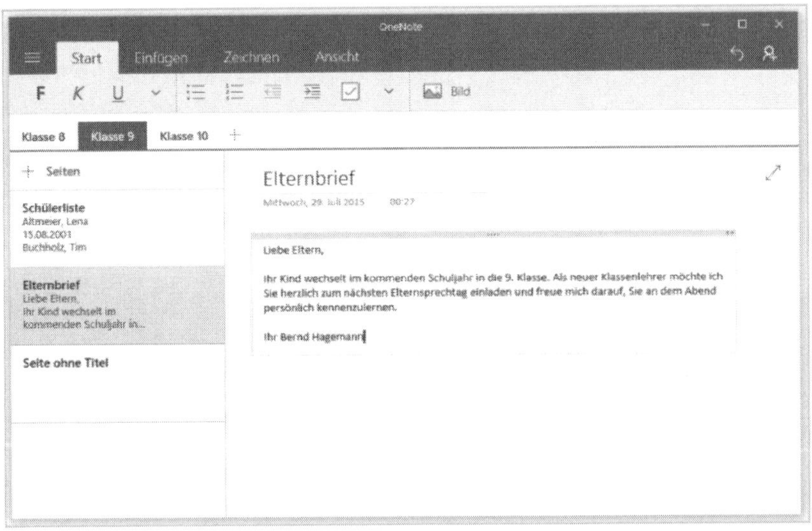

Abbildung 2.7: OneNote-App für Windows 10

Die *OneNote*-App für *Windows 10* – falls sie nicht schon auf Deinem Computer vorinstalliert ist – findest Du kostenlos als Download im *Microsoft Store*:

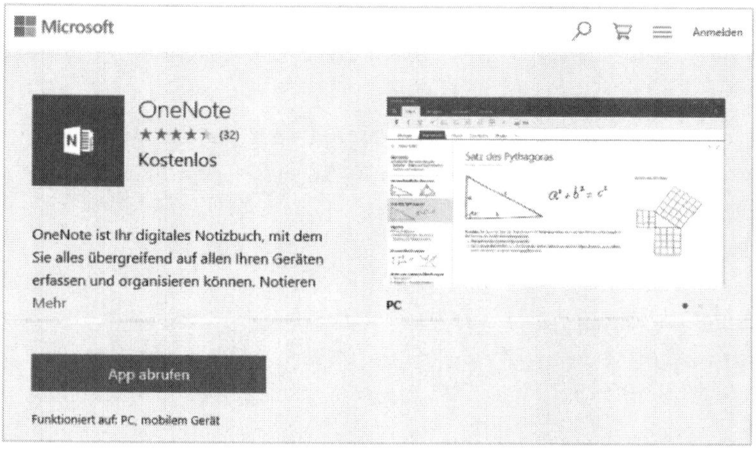

Abbildung 2.8: OneNote-App im Windows Store

Die *Universal App* sieht auf Smartphones mit *Windows 10 Mobile* fast genauso aus wie auf dem Computer - und funktioniert auch nahezu genauso.

Abbildung 2.9: OneNote-App unter Windows 10 Mobile

2.1.3 *OneNote*-Apps für *Android* und *iOS*

Ich weiß, ich weiß: *Windows 10 Mobile* läuft nur auf einem Bruchteil aller Smartphones. Die Chance ist also ziemlich gering, dass Du es auf Deinem Handy nutzt. Stattdessen dominieren *Android*-Smartphones und -Tablets die Welt. Das *iPhone* von *Apple* sowie das *iPad* sind ebenfalls ungebrochen populär.

Wenn das Konzept von *OneNote* ernsthaft überzeugen soll, muss die App auf wirklich allen Endgeräten verfügbar sein – auch auf Geräten der Konkurrenz. Deshalb hatte *Microsoft* keine Wahl: Die *OneNote*-App gibt es auch im *„Google Play Store"* sowie im *„App Store"* von *Apple*. Du kannst sie ebenfalls kostenlos herunterladen und installieren.

Abbildung 2.10: OneNote-App auf einem Android-Tablet

Die Funktionsweise ist wie versprochen selbsterklärend und prinzipiell auf allen Plattformen gleich - bis auf kleine Abweichungen in der praktischen Bedienung. Zudem gibt es regelmäßig App-Updates mit neuen Funktionen, oft sogar zuerst für *Android*- und *iOS*-Geräte.

2.2 Wo Du *OneNote*-Notizbücher speichern kannst und solltest

Jedes *OneNote*-Notizbuch besteht mit seinen Abschnitten und Seiten eigentlich aus mehreren Ebenen – wie die Datei-Ordner auf Deiner Festplatte. Um diese Ordnungsstruktur musst Du Dich aber in *OneNote* zu keinem Zeitpunkt selbst kummern: *OneNote* sorgt dafür, dass alle Notizbücher korrekt verwaltet und übersichtlich dargestellt werden. Kurz gesagt: Du musst Dich nicht mit einzelnen Dateien herumschlagen.

Stattdessen musst Du jeweils vor dem Erstellen eines digitalen Notizbuchs eine Entscheidung treffen: Wo willst Du Dein neues *OneNote*-Notizbuch speichern? Direkt auf Deinem Computer? Auf einer externen Festplatte? Oder vielleicht auf einem fremden Server irgendwo im Internet, einer sogenannten *Cloud*? Diese Entscheidung kann ich Dir hier nicht abnehmen. Ich kann Dir aber zumindest die Vor- und Nachteile der unterschiedlichen möglichen Speicherorte aufzeigen:

OneNote-Notizbuch auf der Festplatte speichern

Das kennst Du sicher bereits von anderen Programmen wie *Word* oder *Excel*: Du kannst ein Notizbuch – so wie alle anderen Ordner und Dateien auch – klassisch auf der Festplatte in Deinem PC anlegen.

Vorteile:

- Du hast die volle Kontrolle über Deine lokal gespeicherten Dateien. Nur Du kannst prinzipiell auf sie zugreifen.

- Du hast dementsprechend auch keine Probleme mit dem Datenschutz, weil die Dateien nur bei Dir intern gespeichert werden.

Nachteile:

- Du kannst Deine Notizbücher nur auf diesem einen PC nutzen. Ohne größeren Aufwand kannst Du sie nicht mit Deinen anderen Geräten synchronisieren. Du kannst sie also z.B. nicht unterwegs auf Deinem Smartphone oder einem Tablet-PC nutzen und auch nicht per Internet für Kollegen freigeben.

- Du musst selbständig daran denken, regelmäßige Sicherheitskopien Deiner Notizbücher zu machen, also sogenannte Backups. Denn: Wenn Deine Festplatte aus irgendeinem Grund defekt ist, können im schlimmsten Fall Deine kompletten Unterlagen verloren gehen.

  (Das gilt natürlich auch für alle anderen Dateien auf Deinem PC. Bist Du Dir dessen bewusst und erstellst regelmäßig Sicherheitskopien?)

Übrigens: Wenn Du ein neues Notizbuch auf Deinem PC anlegst, wählt *OneNote* einen Standard-Ordner aus, gemäß der Voreinstellung in der Software meist auf Festplatten-Abschnitt *C:* , z.B.

C:/Benutzer/Name/Dokumente/OneNote-Notizbücher

Kleiner Exkurs zum besseren Verständnis: Wenn es mal ein Problem mit Deiner *Windows*-Installation bzw. der sogenannten Partition *C:/* geben sollte und Du Dein *Windows* komplett neu aufsetzen musst, gehen Deine Notizbücher im schlimmsten Fall ebenfalls verloren. Deshalb kannst Du in den Voreinstellungen von *OneNote* auch einen anderen Speicherort auswählen.

Ich persönlich habe meine Festplatte im PC in mehrere Abschnitte unterteilt, z.B. *D:/ E:/ F:/* etc.. Auf diesen sogenannten Partitionen kann ich alle Dateien wie Musik und Videos gesondert abspeichern. Bei einem Problem auf *C:/* bleiben diese separaten Festplatten-Abschnitte unberührt. Sie gehen also bei einer Neu-Installation von *Windows* nicht verloren.

Natürlich ist auch das Speichern auf einer externen Festplatte, einem USB-Stick oder einer Netzwerkfestplatte (NAS) o.ä. denkbar. Ich will mutmaßliche Technik-Laien hier nicht verwirren. Es geht auch einfacher und viel praktischer:

OneNote-Notizbuch auf *Microsoft OneDrive* speichern

Microsoft hat in den vergangenen Jahren viel dafür getan, dass die hauseigene Cloud-Lösung *OneDrive* (früher: *SkyDrive*) ein komfortabler Speicherort für jeden PC-Nutzer geworden ist. Um eine Cloud zu nutzen, muss man heutzutage auch kein Informatik-Profi mehr sein.

Das Prinzip einer Cloud ist eigentlich ganz einfach erklärt: In einem virtuellen Ordner im Internet sind alle Deine Dateien online verfügbar. Sie werden von dort aus auf allen Deinen Geräten synchron gehalten – egal ob Desktop-PC, Laptop, Tablet oder Smartphone. Wenn Du Dich auf eine Cloud-Lösung einlässt, musst Du also konsequent umdenken: Nicht die Festplatte in Deinem Computer ist dann der zentrale Speicherort für Deine Dateien, sondern die Cloud im Internet.

Abbildung 2.11: Grafik von Microsoft OneDrive

Bei Microsoft heißt das Cloud-Angebot *OneDrive*. So ein *OneDrive*-Ordner ist mittlerweile in die übrigen *Office*-Programme wie *Word, Excel* und *PowerPoint* sowie den *Windows Explorer* integriert. Du kannst Dateien nun direkt und ohne Umweg in der Cloud speichern. Weil *OneNote* ja auch zu *Microsoft Office* gehört, funktioniert das Zusammenspiel mit *OneDrive* nahezu perfekt.

Vorteile:

- einfache Synchronisierung auf nahezu allen verfügbaren Computern und Geräten wie PC, Laptop, Tablet oder Smartphone
- automatisches Online-Backup auf (hoffentlich) sicheren Servern
- weltweiter Zugriff auf Deine Notizbücher über eine Online-Plattform, die in jedem Internet-Browser funktioniert
- kostenlose Registrierung: 5 GB Speicherplatz bekommt jeder *OneDrive*-Nutzer gratis. Wenn Du es bei Deiner Arbeit nicht mit hochauflösenden Videos oder sonstigen extrem großen Dateien zu tun hast, müsste der Platz für Deine Zwecke locker reichen. (Zusätzlichen Speicherplatz kannst Du bei Bedarf kostenpflichtig mieten.)

Nachteile:

- Registrierung mit einem *Windows*-Konto notwendig
- Vertrauensfrage: Bei *OneDrive* liegen Deine Notizbücher auf Servern in den USA. Amerika genießt in punkto Sicherheit und Datenschutz nicht das größte Vertrauen – der NSA sei Dank!
- rechtliche Bedenken: sensible Daten wie Schülernoten, Kontaktdaten oder persönliche Informationen gehören aus Datenschutzgründen nicht in eine Cloud. Fremde könnten sich im schlimmsten Fall Zugriff verschaffen (s. auch das Kapitel *„Lehrer und der Datenschutz"*).

Keine Sorge: Dass Deine Notizbücher oder sonstige Dateien in der Cloud liegen, heißt nicht, dass Du immer und überall eine Internetverbindung brauchst. Du kannst Deine Notizbücher auch offline nutzen. *OneDrive* und *OneNote* sorgen im Team dafür, dass Deine Notizbücher sich über das Internet synchronisieren und dann auf allen Geräten auch offline verfügbar sind. Das lästige Hin- und Herschieben von geänderten Dateien via USB-Stick ist deshalb nicht mehr nötig!

Beispiel:
Du kannst an Deinem PC zu Hause einen Text schreiben oder etwas korrigieren. Die Änderungen in Deinem Notizbuch erkennt OneNote automatisch und gleicht sie online mit der Version in der Cloud ab. Wenn Du später das Notizbuch auf Deinem Laptop, Tablet oder Smartphone öffnest (und wieder mit dem Internet verbunden bist), werden diese Änderungen dank OneDrive fix übernommen – ganz bequem und in aller Regel reibungslos.

Übrigens: Du kannst von *OneNote* aus auch auf verschiedene *OneDrive*-Konten parallel zugreifen und so die entsprechenden Notizbücher gleichzeitig nutzen. Ich persönlich konnte mehr Ordnung in meine Unterlagen bringen, indem ich mir zwei separate *Microsoft*-Konten eingerichtet habe - mit jeweils eigenem Cloud-Speicherplatz: Ein Konto für alle beruflichen Dateien und Notizbücher (registriert über meine berufliche Mail-Adresse) und ein anderes Konto für private Dateien und Notizbücher.

OneNote-Notizbuch auf SharePoint speichern

Diese dritte Variante kommt weniger für Privatpersonen und eher für mittlere und größere Unternehmen in Frage, die einen sogenannten *SharePoint*-Server betreiben. *SharePoint* ist eine Plattform für verschiedene *Office*-Dienste. Firmen können so quasi – vereinfacht erklärt – einen eigenen Speicherort im internen Netzwerk anbieten.

Es soll tatsächlich einige Schulen auf der Welt geben, die diese Plattform bereits intern installiert haben und die *Office*-Dienste für ihre Lehrer und Schüler zur Verfügung stellen. Die Chance ist aktuell noch sehr hoch, dass Deine Schule NICHT dazu gehört. Wenn Du an Deiner Schule tatsächlich schon Erfahrungen mit *SharePoint* sammeln konntest, wirst Du feststellen, dass es in der Bedienung Parallelen zur Cloud *OneDrive* gibt.

OneNote-Notizbuch auf anderen Online-Speichern

Theoretisch kannst Du Deine *OneNote*-Notizbücher auch bei einem der anderen bekannten Cloud-Anbieter ablegen. Die wohl bekanntesten Plattformen sind *Dropbox* und *Google Drive*. Auch Firmen wie die *Telekom*, *Amazon*, *1&1* und *Strato* bieten Online-Speicher zu verschiedenen Konditionen an. Falls Du dort in irgendeiner Form fester Kunde bist, gehört eine Cloud vielleicht auch schon zu Deinen bezahlten Leistungen.

Von dieser Variante muss ich Dir allerdings abraten! In verschiedenen Internet-Foren gibt es wenig erfreuliche Erfahrungsberichte zur Verwendung anderer Cloud-Lösungen mit *OneNote*. Die Synchronisierung soll nicht immer verlässlich funktionieren und oft zu Problemen führen. Das Risiko eines Datenverlusts halte ich persönlich demnach für zu groß.

Meine Meinung / Empfehlung:

Seine Stärken spielt *OneNote* im Zusammenspiel mit *OneDrive* aus. Ich selbst habe meine wichtigsten Notizbücher in der *Microsoft-Cloud* gespeichert, damit ich sie flexibel auf allen Geräten und an jedem Ort nutzen kann. Natürlich bin ich dabei sehr vorsichtig und wähle sorgfältig aus, was ich in der Cloud speichere.

Sensible Daten und persönliche Unterlagen gehören nicht auf fremde Server!

Für die meisten Zwecke sind Deine *OneNote*-Notizbücher auf *OneDrive* aber wohl am besten aufgehoben. So kannst Du die Stärken des digitalen Notizbuchs voll nutzen. In den folgenden Artikeln werden wir uns deshalb ausschließlich auf diese Variante konzentrieren und nun im ersten Schritt ein *OneNote*-Notizbuch gemeinsam einrichten.

Link zu **OneDrive**:

http://onedrive.com

2.3 Lehrer und der Datenschutz: Persönliche Einordnung

Dieses Buch soll Lehrern vor allem Lust auf *OneNote* und das effiziente Arbeiten mit digitalen Technologien machen. Lehrer sollen die Möglichkeiten dieser vielseitigen Software mit Freude entdecken und nutzen können. Die Praxis-Beispiele in diesem Handbuch sollen dabei als Anregung und einfach gehaltene Anleitung dienen. Ich würde mir wünschen, dass alle Lehrer sorgenfrei mit *OneNote* in der Cloud experimentieren dürfen.

Aber: Bei aller Spielfreude dürfen Lehrer in Deutschland die Themen *Datenschutz* und *Schulrecht* nicht ausklammern. Auf der Plattform *XING* hat mich ein ausführlicher Kommentar zu meinem *OneNote*-Blog erreicht. Darin hat mich eine Studienreferendarin aus Schleswig-Holstein auch noch einmal für dieses Thema sensibilisiert. Für solche Anregungen und Hinweise bin ich wirklich sehr dankbar und berücksichtige sie nach Möglichkeit gern.

Gleichzeitig möchte ich der Fairness halber hier noch einmal klarstellen: Ich bin kein Jurist, sondern Medientrainer, Dozent und Journalist. Sowohl in meinem Blog als auch in diesem Buch möchte mich auf die praktische Anwendung von *OneNote* konzentrieren und wertvolle Tipps für den Schulalltag vermitteln.

Trotzdem sollte jeder Lehrer und jeder Referendar die für ihn geltenden Gesetze und Regeln kennen - und sich natürlich auch an diese halten. Die Bestimmungen im *Schulrecht* bzw. im *Datenschutzrecht* gelten ja nicht nur für die Arbeit mit *OneNote*, sondern für jede Art von digitalen Daten in der Schule, auf der heimischen Festplatte sowie in der Cloud.

Die Regelungen sind von Bundesland zu Bundesland verschieden. Einige unserer Schul- und Kultusministerien arbeiten mittlerweile auch an eigenen Plattform-Angeboten, die datenschutzkonform und sicher sein sollen. Im Zweifel wird Dich Dein zuständiges Schulamt sicher gut beraten können.

Teil 3

Erste Schritte

OneNote kennenlernen

3.1 *OneNote*-Notizbuch anlegen und für Dein Unterrichtsfach einrichten

Die grundsätzliche Ordnungsstruktur und Logik von *OneNote* mit Notizbüchern, Abschnitten und Seiten habe ich Dir bereits in der Einführung am Anfang dieses Buchs ausführlich erklärt. Analog zu den dort gezeigten Beispielen wollen wir jetzt also ein erstes *OneNote*-Notizbuch anlegen – hier beispielhaft für das Fach Physik. Das funktioniert natürlich ähnlich für jedes andere Schulfach.

Keine Sorge: Ich begleite Dich bei jedem Schritt. Du kannst die Anleitung hier direkt an Deinem Computer in *OneNote* nachvollziehen und durchspielen.

1. *OneNote* starten

Öffne das Programm zum Beispiel über Dein Startmenü. Der schnellste Weg: Drücke die *Windows*-Taste und tippe die Buchstabenfolge *„onenote"* ein. Das Startmenü zeigt Dir den Eintrag *„OneNote 2016"* für die Desktop-App an. Drücke nun die *Enter*-Taste auf der Tastatur, um das Programm zu öffnen.

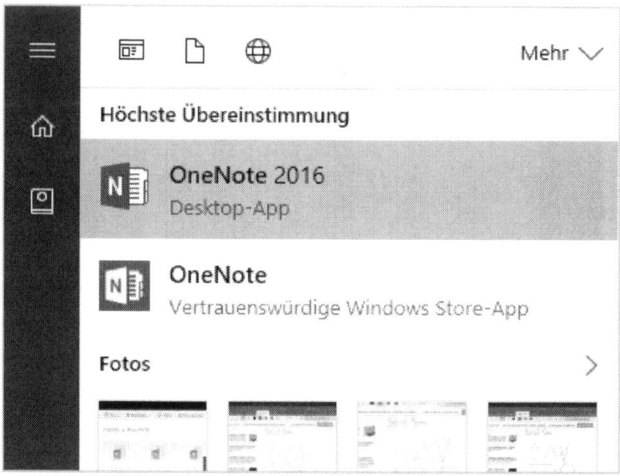

Abbildung 3.1: OneNote 2016 übers Startmenü suchen

2. Neues Notizbuch erstellen

Klicke nun zuerst oben links auf den Reiter *„Datei"* ...

... und dann in der linken Spalte auf *„Neu"*:

An dieser Stelle kannst Du nun den Speicherort für Dein Notizbuch auswählen, zum Beispiel Deine Festplatte auf Deinem PC oder Notebook, eine externe Festplatte oder die *Microsoft*-Cloud *OneDrive*. Über die Vor- und Nachteile dieser unterschiedlichen Speicherorte habe ich Dich im vorherigen Kapitel aufgeklärt. Ich persönlich empfehle Dir das Anlegen Deiner Notizbücher in der Cloud. Das möchte ich für dieses Beispiel jetzt auch so mit Dir durchspielen.

Übrigens: In der Abbildung oben siehst Du, dass ich zwei separate *Microsoft*-Konten mit unterschiedlichen E-Mail-Adressen nutze. So kann ich meine Notizbücher in der Cloud eindeutig inhaltlich trennen – nach „privat“ und „beruflich“.

Wenn Du das blaue Wolken-Symbol für die Cloud *OneDrive* ausgewählt hast, kannst Du in dem Feld rechts den Namen für Dein erstes *OneNote*-Notizbuch vergeben. Du kannst es zu einem späteren Zeitpunkt auch umbenennen:

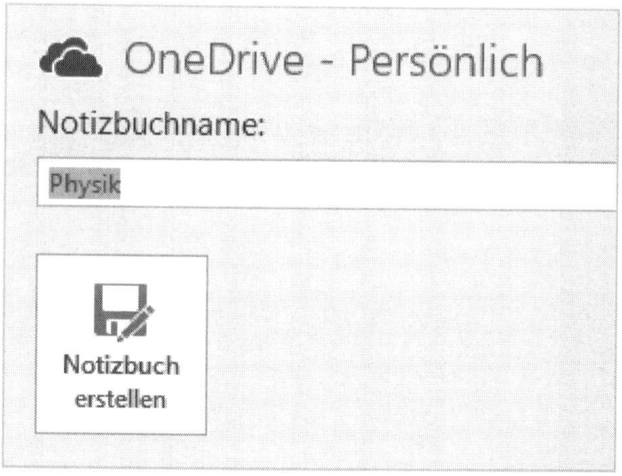

Abbildung 3.2: Notizbuchname eingeben und Notizbuch erstellen

Klicke auf *„Notizbuch erstellen“*, und *OneNote* kümmert sich um die weiteren Schritte. Zuletzt öffnet sich ein Fenster: Du wirst gefragt, ob Du Dein Notizbuch jetzt für andere Personen freigeben möchtest.

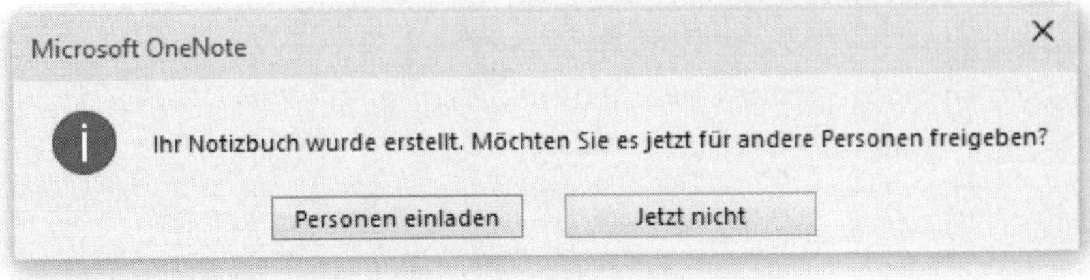

Was das konkret heißt und welche Konsequenzen das hat, erkläre ich in einem späteren Kapitel. Zum jetzigen Zeitpunkt entscheiden wir uns für *„Jetzt nicht"*.

3. Fertig!

Wenn Du alles richtig gemacht hast, hat *OneNote* nun Dein erstes Notizbuch wie gewünscht in der Cloud angelegt. Es wird Dir auf der Desktop-Oberfläche so oder so ähnlich angezeigt:

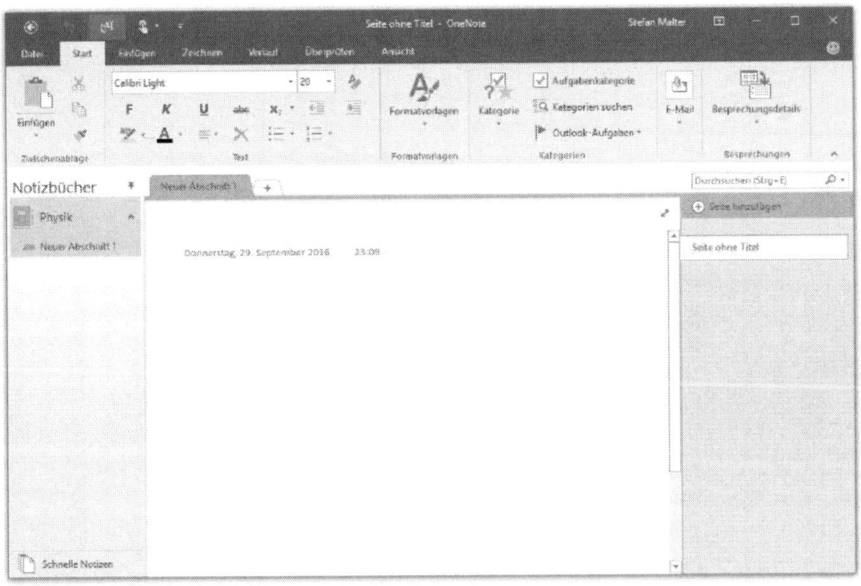

Abbildung 3.3: Notizbuch in OneNote geöffnet

Herzlichen Glückwunsch! Der erste Schritt ist gemacht. Wir können jetzt noch mehr Struktur in Dein erstes *OneNote*-Notizbuch bringen. Im nächsten Kapitel kümmern wir uns dafür um die einzelnen Abschnitte für Dein Notizbuch.

Ich werde Dir Schritt für Schritt zeigen, wie Du neue Abschnitte anlegen, Abschnitte verschieben und Abschnitte umbenennen kannst. Außerdem zeige ich Dir, wie Du die Farben von Abschnitten festlegen kannst und wie sich unnütze Abschnitte wieder löschen lassen.

3.2 *OneNote*-Abschnitte erstellen und bearbeiten

Wir haben im vorherigen Artikel unser allererstes Notizbuch angelegt – beispielhaft für das Unterrichtsfach *„Physik"*. Vielleicht ist Dir aufgefallen, dass *OneNote* in diesem Notizbuch automatisch einen ersten Abschnitt angelegt hat. Er heißt *„Neuer Abschnitt 1"*. Er wartet nur darauf, von Dir umbenannt zu werden.

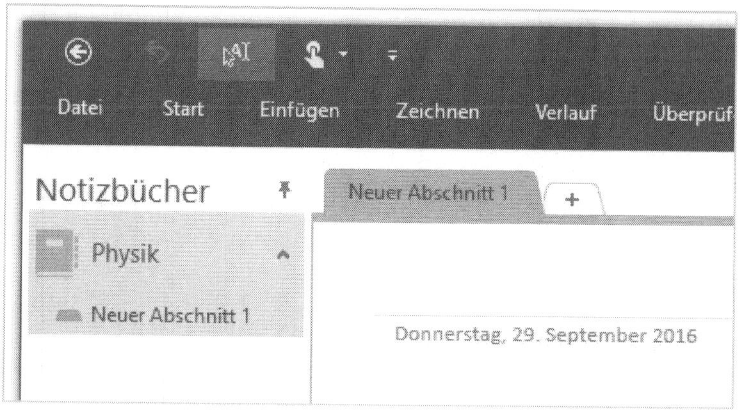

Abbildung 3.4: Neuer Abschnitt in OneNote

Eventuell wird die linke Spalte bei Dir im Programm nicht so angezeigt wie in dieser Abbildung. Sie wird in der Voreinstellung versteckt. Du kannst die Spalte zur besseren Übersicht „aufklappen", indem Du erst auf den kleinen Pfeil neben dem Notizbuch-Namen und dann auf das Pinnadel-Symbol klickst.

OneNote-Abschnitt umbenennen

Wir wollen nun dem ersten Abschnitt einen eigenen Namen geben. Das kannst Du entweder über den großen blauen Reiter oben in der Leiste oder über den kleinen Reiter links in der Spalte erreichen. Klicke einfach mit der rechten Maustaste auf eine der beiden Möglichkeiten:

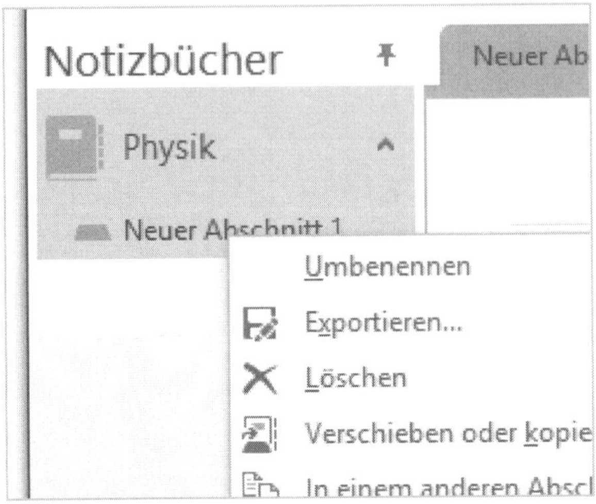

Abbildung 3.5: Abschnitt umbenennen

In dem sogenannten Kontextmenü, das sich daraufhin öffnet, klickst Du nun auf *„Umbenennen"* ganz oben und kannst dann den Abschnitt frei benennen, zum Beispiel hier nach einem Teilbereich der Physik wie der *„Optik"*.

OneNote-Abschnitt hinzufügen

Jetzt möchten wir für andere wichtige Themenfelder der Physik noch weitere Abschnitte erstellen. Klicke dazu mit der rechten Maustaste auf die freie Fläche unter dem ersten Abschnitt. Wie zuvor öffnet sich wieder ein Kontextmenü. In der Liste kannst Du den Eintrag *„Neuer Abschnitt"* auswählen. *OneNote* setzt Deinen Wunsch umgehend um.

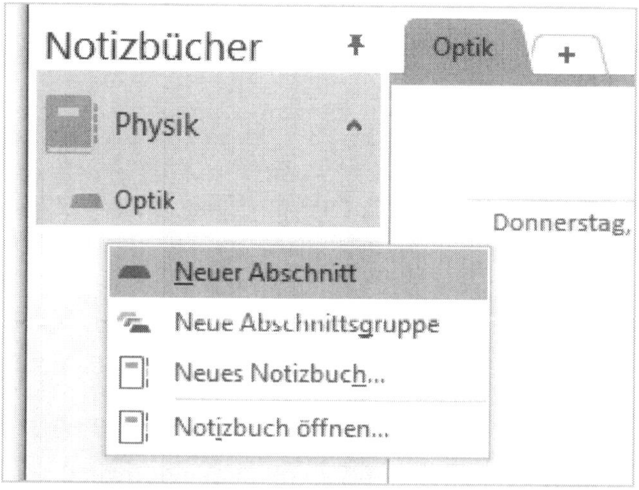

Abbildung 3.6: Neuen Abschnitt anlegen

Der neu angelegte Abschnitt bekommt von *OneNote* nun wieder den vorläufigen Namen *„Neuer Abschnitt 1"*. Wie Du diesen Abschnitt jetzt selbst in *„Mechanik"* umbenennen kannst, hast Du ja bereits gelernt.

Füge noch einen weiteren Abschnitt mit dem Namen *„Elektrizitätslehre"* ein. Schon müsste Dein Notizbuch in etwa so aussehen wie in unserem Beispiel:

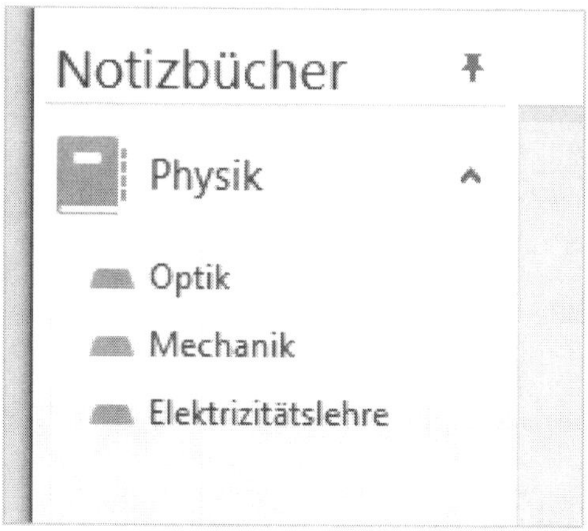

Abbildung 3.7: Übersicht der Abschnitte im Notizbuch

OneNote-Abschnitte verschieben

Vielleicht möchtest Du mal die Reihenfolge der Abschnitte innerhalb Deines *OneNote*-Notizbuchs ändern. Für das Verschieben von Abschnitten gibt es eine einfache Methode: Du klickst mit der Maus auf den Abschnitt, den Du an eine andere Position verschieben möchtest. Halte die Maustaste gedrückt und ziehe den Abschnitt an die gewünschte Position.

Je voller und komplexer Dein Notizbuch wird, desto schwieriger kann aber das Verschieben werden. Klicke in diesem Fall mit der rechten Maustaste auf einen bestimmten Abschnitt und dann auf den Eintrag *„Verschieben oder kopieren"*. Es öffnet sich ein neues Fenster. Darin werden Dir alle geöffneten Notizbücher und Abschnitte übersichtlich aufgelistet. Du kannst sie bei Bedarf umsortieren.

Abbildung 3.8: Abschnitt verschieben und kopieren

Farben der *OneNote*-Abschnitte ändern

Um einen besseren Überblick über Dein Notizbuch zu bekommen, kannst Du auch die Farben der einzelnen *OneNote*-Abschnitte ändern. Das ist vor allem bei einem umfangreichen Notizbuch sehr hilfreich.

Auch hier macht es Dir *OneNote* einfach: Du klickst mit der rechten Maustaste auf einen bestimmten Abschnitt. Unter dem Menüpunkt *„Abschnittsfarben"* kannst Du nun aus einer vorgegebenen Auswahl die gewünschte Farbe für den Abschnitt bestimmen:

Abbildung 3.9: Farben für Abschnitte auswählen

OneNote-Abschnitt löschen

Du kannst jederzeit einen Deiner *OneNote*-Abschnitte löschen (und damit auch alle Inhalte in dem Abschnitt). Es bleibt einfach: Klicke mit der rechten Maustaste auf den zu löschenden Abschnitt und wähle dann den Eintrag *„Löschen"* aus. Nach einer Sicherheits-Rückfrage wird der Abschnitt gelöscht.

Endgültig gelöscht wird der Abschnitt wiederum erst nach 60 Tagen. Bis dahin findest Du ihn im *„Notizbuch-Papierkorb"* und kannst ihn ggf. wiederherstellen. Zum Papierkorb gelangst Du bei Bedarf, indem Du mit der rechten Maustaste auf das jeweilige Notizbuch klickst.

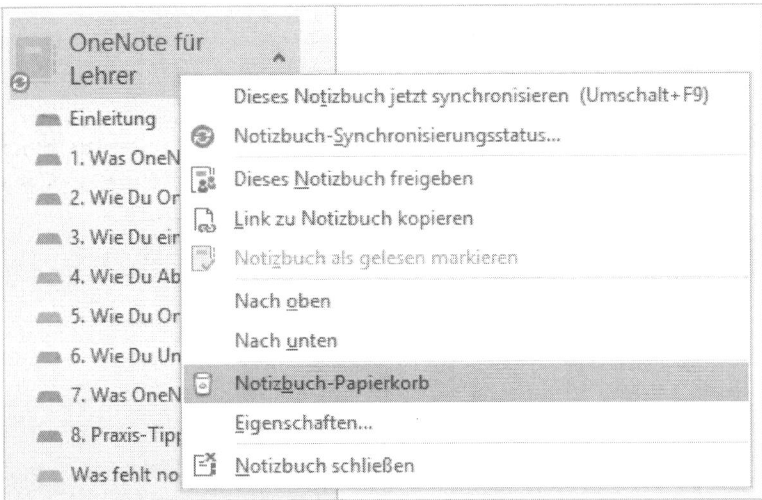

Abbildung 3.10: Notizbuch-Papierkorb im Kontextmenü

Du hast es sicher schon gemerkt: Das Anlegen und Verwalten von Abschnitten in Deinem Notizbuch funktioniert ganz einfach und intuitiv. So wie Du früher in *Windows* verschiedene Ordner angelegt hast, legst Du in *OneNote* nach Belieben neue Abschnitte im Notizbuch an.

Im nächsten Artikel widmen wir uns den *OneNote*-Seiten, mit denen Du Deine Abschnitte füllen kannst. Dann kennst und beherrscht Du bereits die wichtigsten Arten von Elementen in Deinem *OneNote*-Notizbuch.

3.3 *OneNote*-Seiten erstellen und verwalten

Notizbücher und Abschnitte kennst Du dank der vorherigen Kapitel nun schon. Du kannst sie selbständig in *OneNote* erstellen und verwalten. In diesem Kapitel stelle ich Dir jetzt die Seiten vor, auf denen Du in *OneNote* Deine Notizen, Skizzen und sonstige Einträge hinterlässt – wie in einem echten Notizbuch.

Die Seiten entsprechen dabei den Papierblättern in einer Organisationsmappe. Dass eine digitale *OneNote*-Seite aber viel mehr kann als ein echtes Blatt Papier, werde ich Dir später noch zeigen. Das Gute ist: Du kannst in Deinem Notizbuch beliebig viele Seiten neu anlegen und wieder löschen – ohne dabei irgendwelche Papierkosten zu haben! Die Umwelt wird sich freuen, wenn Du dank *OneNote* Deinen allgemeinen Papierverbrauch senkst.

Zur Erinnerung: In der Grundeinstellung der Desktop-Version findest Du in der linken Spalte alle geöffneten Notizbücher sowie die enthaltenen Abschnitte. Die *OneNote*-Seiten wiederum verwaltest Du in der Spalte ganz rechts.

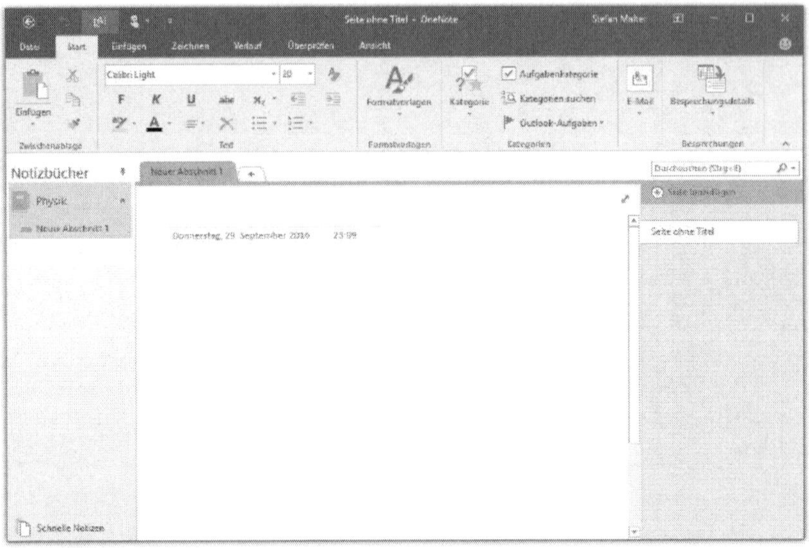

Abbildung 3.11: Grundeinstellung von OneNote

Diese Zweiteilung ist am Anfang vielleicht noch ein wenig gewöhnungsbedürftig für Dich. Du wirst Dich aber schnell an diese getrennte Ordnung gewöhnen. Wenn Du wie im vorherigen Artikel beschrieben einen neuen Abschnitt anlegst, dann legt *OneNote* darin automatisch auch eine erste neue Seite an. Sie wird in der rechten Spalte aufgelistet. *„Seite ohne Titel“* heißt diese neue Seite.

OneNote-Seiten benennen

Jeder neuen Seite solltest Du ab sofort direkt einen eigenen Seitentitel geben. Anhand dieser Namen stellst Du sicher, dass Du Seiten in Zukunft problemlos wiederfindest und zuordnen kannst. So weißt Du jederzeit, welche Inhalte Dich auf der jeweiligen Seite erwarten. Dafür hast Du zwei Möglichkeiten:

- Du kannst der Seite einen Titel geben, indem Du rechts in der Spalte erst mit der rechten Maustaste auf *„Seite ohne Titel“* klickst und dann den Eintrag *„Umbenennen“* auswählst.

- Einfacher geht's, wenn Du direkt auf der Seite einen eigenen Titel eingibst: Klicke dazu oben auf die leere Titelzeile über dem aktuellen Datum und tippe dann per Tastatur eine Überschrift ein. Diese wird dann automatisch auch in der Spalte rechts als Seitentitel übernommen.

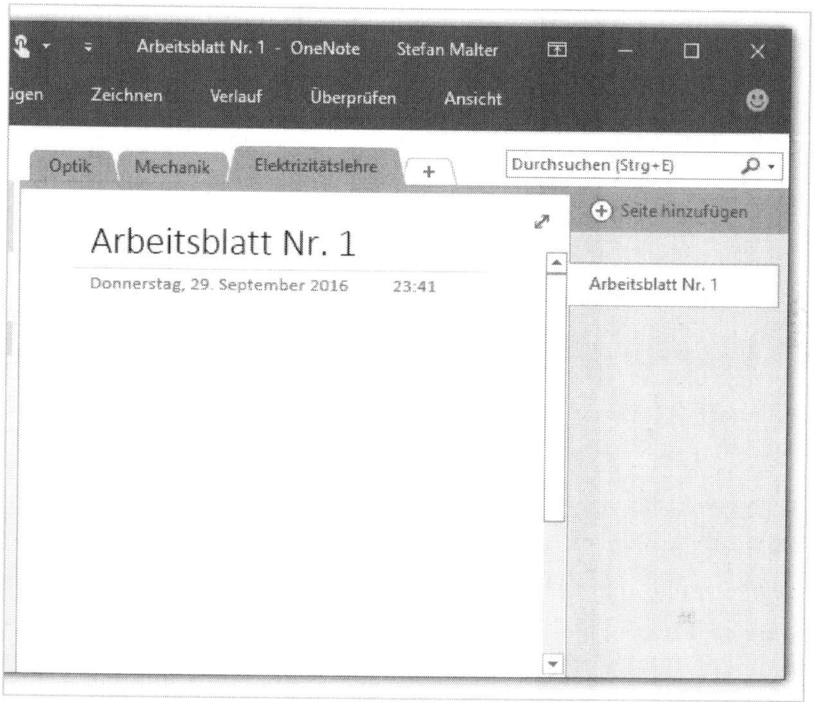

Abbildung 3.12: Seitentitel einfügen

Auf jeder neu angelegten Seite fügt *OneNote* automatisch das aktuelle Datum sowie die aktuelle Uhrzeit ein. So kannst Du später noch nachvollziehen, wann Du welche Seite erstellt hast. Das kann zum Beispiel bei Protokollen oder auch bei der Zusammenarbeit mit Deinen Kollegen hilfreich sein.

Wenn Du auf das Datum klickst, kannst Du es über die eingeblendeten Symbole nachträglich ändern – oder über die *Entfernen*-Taste auch komplett löschen. Dasselbe gilt für die automatisch eingefügte Uhrzeit.

Weitere neue Seiten anzulegen, ist ebenfalls ganz einfach: Wähle dafür in der linken Spalte erst den Abschnitt in Deinem Notizbuch aus, in dem Du eine neue *OneNote*-Seite erstellen möchtest. Immer wenn Du nun über der rechten Spalte auf das Feld *„Seite hinzufügen"* klickst, erstellt *OneNote* im jeweiligen Abschnitt eine weitere neue Seite.

Abbildung 3.13: neu angelegte Seiten in OneNote

OneNote-Seiten umbenennen, verschieben, kopieren und löschen

So wie Du bereits *OneNote*-Abschnitte bearbeitet hast, kannst Du nun auch Deine einzelnen Seiten beliebig umbenennen, verschieben, kopieren oder auch löschen. Alle Funktionen kannst Du aus dem bereits bekannten Kontextmenü auswählen, indem Du mit der rechten Maustaste auf den Eintrag für die jeweilige Seite klickst.

Versuche doch mal, die Möglichkeiten selbstständig anzuwenden. Wenn Du Dich mit den Funktionen vertraut gemacht hast, müsstest Du die Seiten in der rechten Spalte problemlos so anlegen können wie in der folgenden Abbildung:

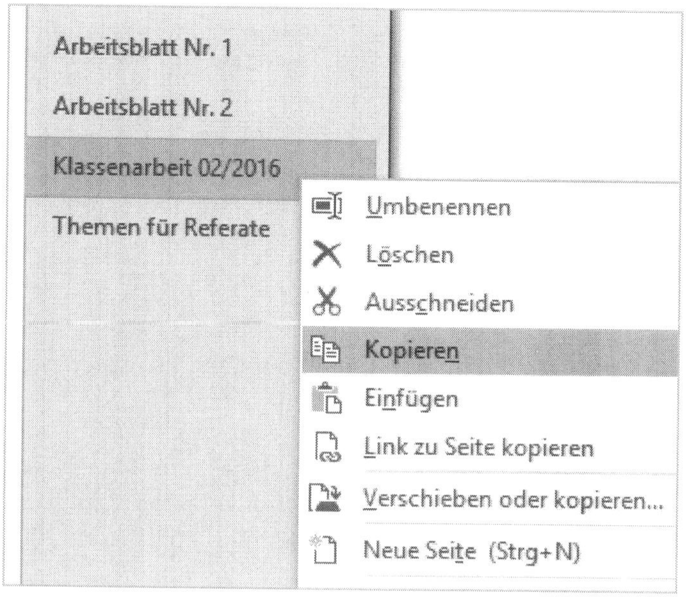

Abbildung 3.14: Kontextmenü für OneNote-Seiten

Die Struktur in Deinem ersten eigenen Notizbuch nimmt immer mehr Form an. Mache Dich mit den bisherigen Funktionen vertraut und lege weitere Seiten in Deinen Abschnitten an. Im nächsten Kapitel können wir dann damit loslegen, die *OneNote*-Seiten an Deine persönlichen Bedürfnisse anzupassen und dabei ihre besonderen Eigenschaften kennenzulernen.

3.4 Seiten und ihre Eigenschaften: Mehr als ein Blatt Papier

Bevor wir Deine *OneNote*-Seiten mit Inhalten füllen, möchte ich Dich zunächst mit den speziellen Eigenschaften von digitalen Seiten vertraut machen.

Deine digital angelegten Seiten in *OneNote* sind viel mächtiger als echte Blätter aus Papier. Die Seiten in Deinem Notizbuch können ganz einfache Texte, Notizen und auch Skizzen enthalten. Du kannst aber z.B. auch Fotos, Links, Grafiken, *Excel*-Tabellen, Tonaufnahmen, ganze Internetseiten, Videos und vieles mehr auf ihnen einfügen. Zusätzlich zu diesen Multimedia-Möglichkeiten gelten für alle *OneNote*-Seiten noch weitere Besonderheiten.

Schauen wir uns mal ein einfaches Blatt Papier an - in der bei uns in Deutschland gebräuchlichen Größe DIN A4:

Abbildung 3.15: Ein weißes Blatt Papier

In der Regel ist so ein Blatt komplett weiß und hat meist keine Kästchen oder Linien. Als Lehrer hast Du bestimmt ein Päckchen mit diesem Papier zu Hause und druckst darauf selbst erstellte Arbeitsblätter oder sonstige Unterlagen aus – und wenn nicht zu Hause, dann sicherlich bei Dir in der Schule. Vielleicht nutzt Ihr auch leicht gräuliches Umweltschutzpapier – der Umwelt zuliebe.

Eine *OneNote*-Seite ist grundsätzlich auch weiß und weder kariert noch liniert. Bis auf die Überschrift und das automatisch eingefügte Datum ist sie anfangs komplett leer und wartet darauf, von Dir mit Inhalten gefüllt zu werden – wie ein unbeschriebenes Blatt eben.

Abbildung 3.14: OneNote-Seite als unbeschriebenes Blatt

Unendliche Weiten

Der wichtigste Unterschied zum typischen DIN-A4-Blatt kommt Dir im ersten Moment vielleicht komisch vor: Eine digitale *OneNote*-Seite hat in ihrer Grundeinstellung keine feste Begrenzung. Du kannst auf einer Seite unendlich viel Text und Bilder einfügen – nebeneinander, untereinander oder auch überlappend übereinander. Die Größe einer Seite passt sich automatisch an Deine Notizen an. Du kannst also nach unten oder zur Seite scrollen und überall neue Elemente hinterlassen: Die *OneNote*-Seite wächst in alle Richtungen mit Deinem Inhalt.

Gerade bei umfangreichen Skizzen oder längeren Listen kann diese Eigenschaft sehr praktisch sein. Während Du bei Deinem echten DIN-A4-Blatt irgendwann den Papierrand erreichst, das Blatt umdrehen und auf der Rückseite weiterschreiben musst, darfst Du in *OneNote* so viel Platz in Anspruch nehmen, wie Du möchtest und brauchst.

In der Praxis ist diese Funktion nicht immer sinnvoll: Wenn Du es mit der Größe übertreibst, kann Deine *OneNote*-Seite schnell unübersichtlich werden. Und: Wenn Du Die digitale Seite irgendwann vielleicht doch mal auf echtem Papier ausdrucken möchtest, passen vielleicht nicht alle Inhalte wie von Dir gewünscht auf ein herkömmliches Blatt.

Du musst aber in Zukunft nicht raten, wo eine *OneNote*-Seite beim Druck wohl ihre Grenzen hätte. Dank der Einstellung *„Papierformat"* kannst Du die tatsächliche Größe jeder einzelnen Seite gezielt festlegen. Du findest die Funktion ganz oben in der Leiste unter dem Reiter *„Ansicht"*.

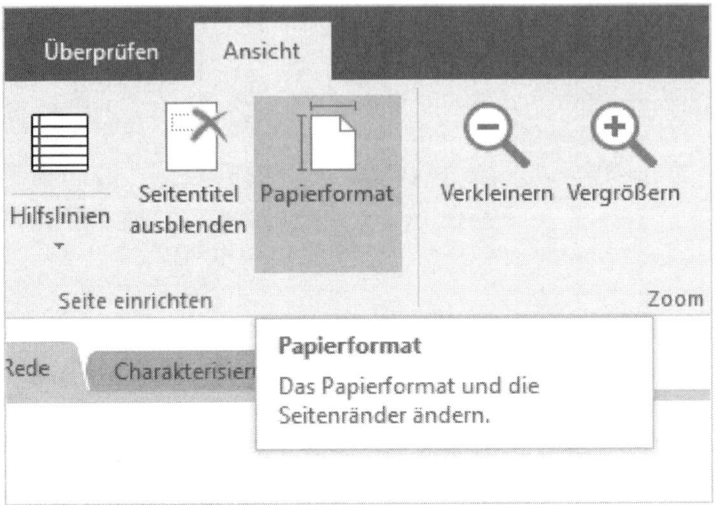

Abbildung 3.15: Papierformat ändern

Klicke einfach auf das Symbol, und eine entsprechende Auswahl öffnet sich rechts neben der Seitenanzeige in einer neuen Funktionsleiste.

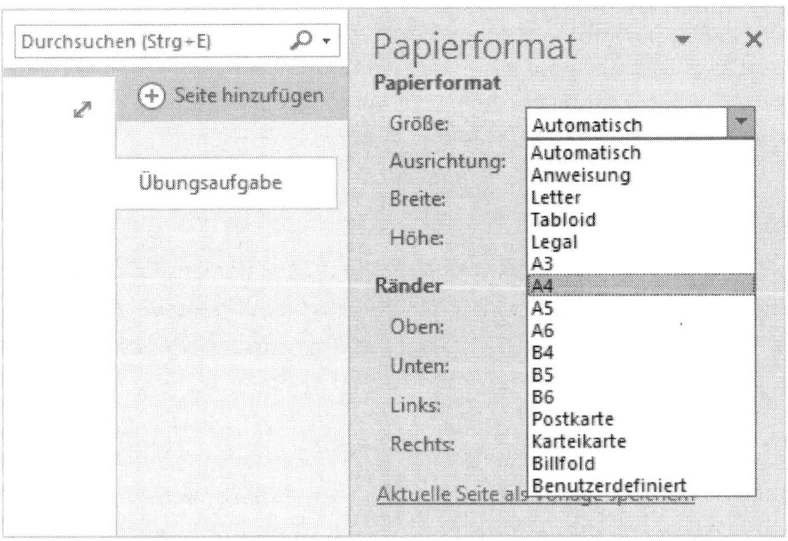

Abbildung 3.16: Auswahl bekannter Papierformat

Die Voreinstellung für eine neu angelegte Seite lautet *„Automatisch"*. *OneNote* bietet Dir bei den Auswahlmöglichkeiten diverse Standard-Maße an, die nicht nur in Deutschland, sondern auch international üblich sind, zum Beispiel:

- A3, A4, A5, usw.
- Postkarte, Karteikarte
- Letter, Tabloid

Über das Auswahlfeld *„Ausrichtung"* kannst Du darüber hinaus entscheiden, ob Deine aktuelle Seite hochkant oder im Querformat ausgerichtet werden soll. Ist Deine bevorzugte Größe nicht mit dabei? Natürlich kannst Du auch eigene Maße festlegen. Wähle den Eintrag *„Benutzerdefiniert"* ganz unten in der Liste aus und trage Deine gewünschten Eckdaten ein, gemessen in Zentimetern.

Du kannst die Funktionsleiste geöffnet lassen oder einfach über das kleine „x" rechts oben schließen, damit sie nicht mehr den Platz auf dem Bildschirm wegnimmt. *OneNote* merkt sich die von Dir ausgewählten Maße für diese Seite.

Du kannst jede gewählte Größe auch als Standard-Maße für alle weiteren Seiten in dem Abschnitt festlegen. Klicke dazu unten auf den Hinweis *„Aktuelle Seite als Vorlage speichern"*. Bei jeder neuen Seite, die Du ab sofort in diesem Abschnitt erstellst, wird Deine Auswahl automatisch übernommen. Wie praktisch!

Linien, Kästchen, bunte Blätter

Als Mathematik- oder Deutsch-Lehrer kennst Du das Problem sicher: Dein Vorrat an Kästchen-Papier oder linierten Blättern ist plötzlich aufgebraucht. Das ist in *OneNote* kein Problem! Du musst kein teures Spezialpapier mehr kaufen, um Deine Aufgaben niederzuschreiben oder zu skizzieren: In *OneNote* hast Du die unschlagbare Möglichkeit, neue Seiten kariert oder liniert anzulegen. Dabei kannst Du verschiedene Hilfslinien-Muster auswählen und zur Orientierung auf Deiner Seite nutzen. Vor allem bei handschriftlichen Notizen, die ich Dir in einem späteren Kapitel vorstellen werde, wirst Du die Hilfslinien schätzen lernen.

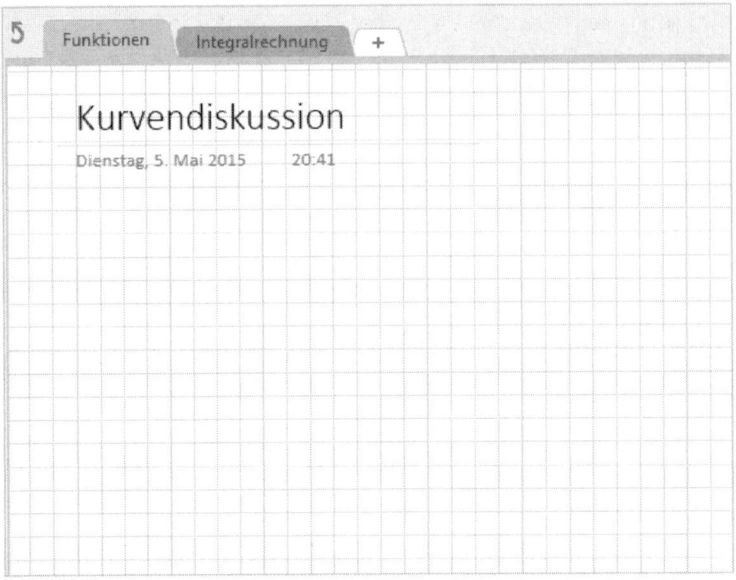

Abbildung 3.17: OneNote-Seite mit Kästchen

Abbildung 3.18: OneNote-Seiten mit Linien

Du findest die Option *„Hilfslinien"* auch wieder in der Funktionsleiste ganz oben in *OneNote* unter dem Reiter *„Ansicht"*. Sobald Du eine der dort angebotenen Vorlagen auswählst, verwandelt sich Deine Blanko-Seite also wahlweise in ein kariertes oder liniertes Blatt. Über *„Linienfarbe Lineal"* kannst Du außerdem die Farbe der Hilfslinien bestimmen. Wenn Du die Hilfslinien nicht mehr benötigst, kannst Du sie auch problemlos wieder ausblenden.

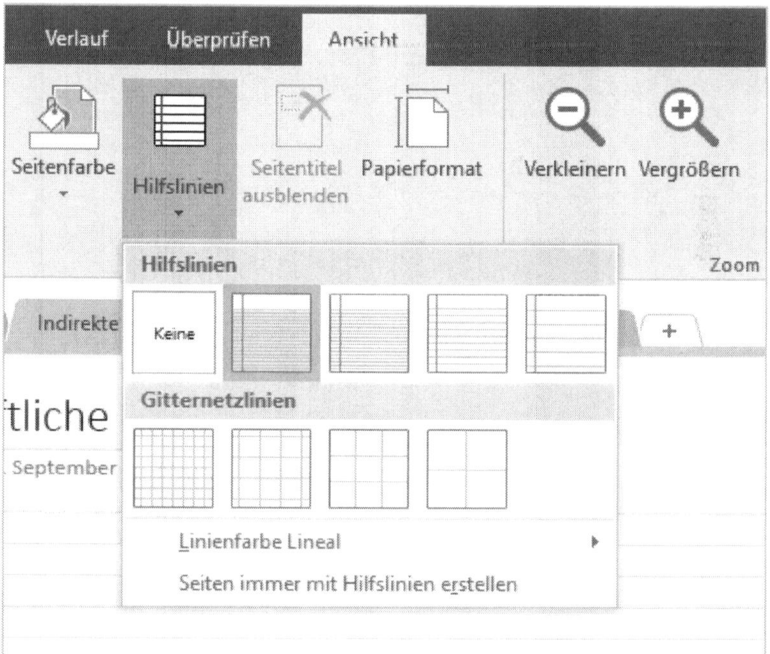

Abbildung 3.19: Auswahl von Hilfslinien für OneNote-Seiten

Letzter Tipp in diesem Kapitel: Auch farbige Hintergründe können je nach Zweck für Deine *OneNote*-Seiten sinnvoll sein – vielleicht auch einfach nur, weil Dir die Farben ein wenig Abwechslung in Deine Arbeit bringen.

Probier's doch einfach mal aus! *OneNote* bietet Dir in der Funktionsleiste direkt neben den Hilfslinien die Funktion *„Seitenfarbe"* an. Sie gibt Dir die Möglichkeit, aus einer Auswahl von vorgegebenen Pastell-Tönen einen Hintergrund für Deine Seite zu bestimmen.

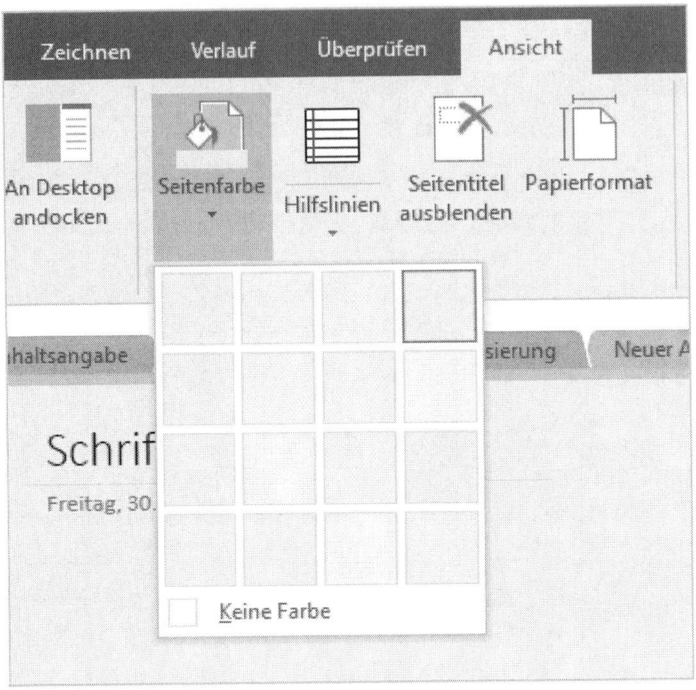

Abbildung 3.20: Auswahl von Seitenfarben

In den folgenden Kapiteln wirst Du noch weitere Möglichkeiten kennenlernen, die digitalen Seiten in *OneNote* an Deine Bedürfnisse anzupassen.

Im nächsten Kapitel wollen wir die Seiten nun mit ersten Text-Inhalten füllen und auch die Unterschiede zu Programmen wie *Microsoft Word* näher betrachten.

3.5 Text auf *OneNote*-Seiten einfügen und bearbeiten

Wenn Du bislang mit Programmen wie *Microsoft Word*, *OpenOffice* oder einer ähnlichen Software für die Textverarbeitung gearbeitet hast, dann wird Dir die Arbeit mit Texten in *OneNote* besonders leicht fallen. Alle typischen Funktionen fur das Erstellen und Bearbeiten von Texten sind ziemlich selbsterklärend und kommen Dir aus anderen Programmen bestimmt bekannt vor.

Aber es gibt auch einige Unterschiede, an die Du Dich anfangs sicher gewöhnen musst. Den wichtigsten Unterschied bei der Bedienung habe ich Dir schon im vorangegangenen Kapitel beschrieben: *OneNote*-Seiten müssen keine feste Größe haben und passen sich automatisch an den Inhalt an. Das heißt wiederum für Dich: Du kannst prinzipiell überall auf einer *OneNote*-Seite Text einfügen.

Auf einer *OneNote*-Seite schreiben

Wir probieren das jetzt praktisch aus, und Du solltest die Schritte am besten selbst an Deinem Computer nachvollziehen: Klicke einfach mal mitten auf die *OneNote*-Seite vor Dir. Dort wo Du hin klickst, erscheint der sogenannte Cursor, ein dünner blinkender Strich. Du kannst jetzt anfangen zu tippen, und Dein Text erscheint umgehend in einer Textbox mit einem dünnen Rahmen:

Abbildung 3.21: Text auf der OneNote-Seite

Du kannst diese Textbox nach der Eingabe auch verschieben: Klicke auf die graue dünne Leiste über dem Text, halte die linke Maustaste gedrückt und ziehe den Text dann, wohin Du willst. Wenn Du die Maustaste wieder loslässt, bleibt die Textbox an der neuen Position.

Du kannst auch die Größe dieser Textbox verändern: Fahre dazu mit dem Mauspfeil über die Ränder der Box. Wenn der Pfeil sich optisch verändert, kannst Du die Textbox mit gedrückter Maustaste größer oder kleiner ziehen – nach Bedarf und ganz intuitiv. Der Text passt sich an die Größe der Textbox an.

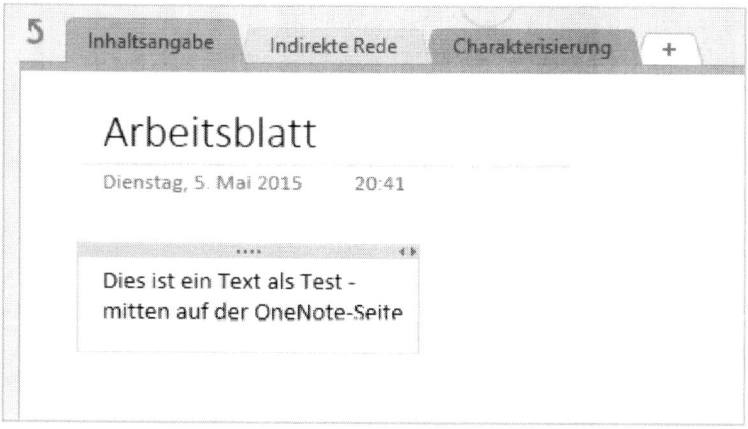

Abbildung 3.22: Textbox auf einer OneNote-Seite

Text-Layout anpassen

Unter dem Reiter *„Start“* in der Funktionsleiste von *OneNote* findest Du einige Möglichkeiten, um Deinen Text optisch anzupassen. Du kannst zum Beispiel die Schriftart, die Schriftgröße und den Stil des Textes verändern, um Wörter oder ganze Satzteile hervorzuheben. Das kennst Du sicher aus anderen Programmen.

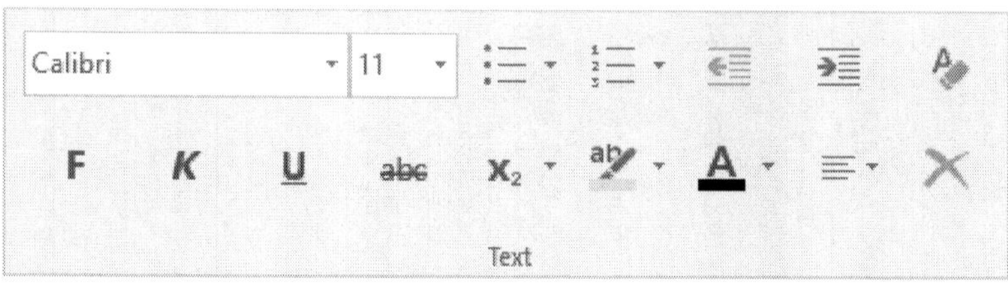

Abbildung 3.23: Funktionsleiste für Text

Am besten machst Du Dich mit den möglichen Optionen selbst vertraut. Welches Piktogramm für welche Funktion steht, erfährst Du übrigens, wenn Du mit dem Mauspfeil darüber fährst und kurz dort verweilst. Dabei erscheint eine kleine hilfreiche Info-Box mit einer kurzen Erklärung.

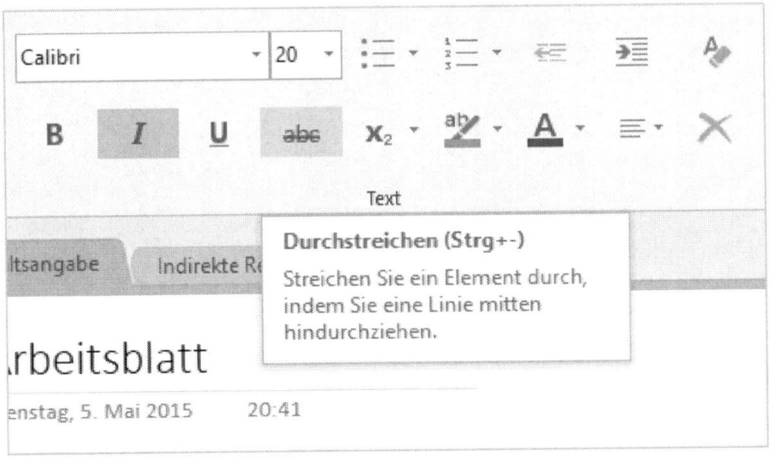

Abbildung 3.24: Mouse-Over-Erklärungen in der Funktionsleiste

Wie Du einen Textteil bearbeitest, werde ich Dir hier nur beispielhaft erklären und zeigen. Zuerst markierst Du den Textteil, den Du anpassen möchtest. Du kannst dazu zum Beispiel doppelt auf ein Wort klicken oder mit gedrückter Maustaste über einen bestimmten Textteil fahren und diesen so markieren.

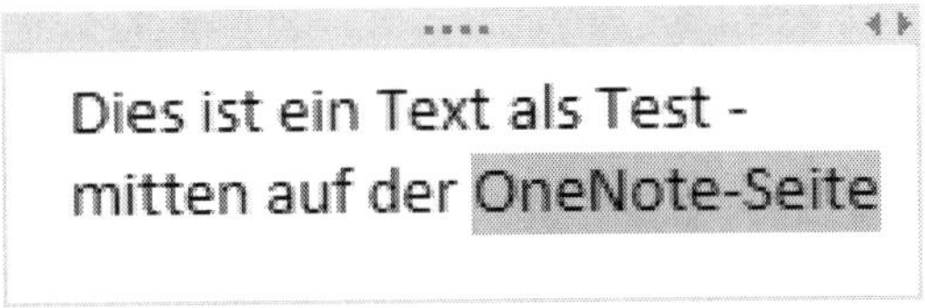

Abbildung 3.25: Text markieren

Dann wählst Du oben in der Funktionsleiste eine der Optionen aus, zum Beispiel eine andere Schriftart, eine bestimmte Farbe, die Funktion *„fett“* oder was auch immer Du mit dem Text machen möchtest.

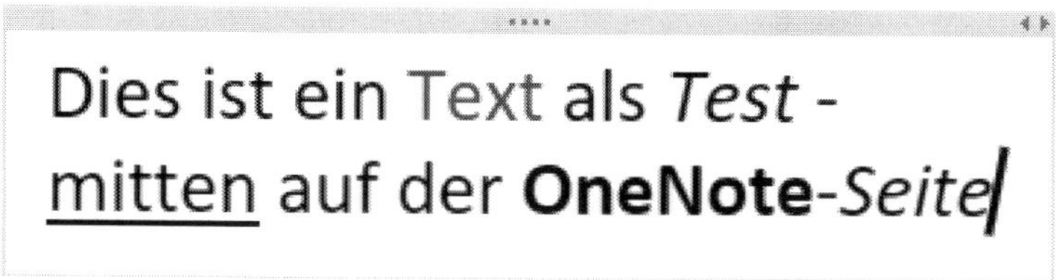

Abbildung 3.26: Text anpassen

Übrigens: Aus anderen Programmen kennst Du vielleicht auch die folgenden drei bekannten Tastenkombinationen, die Du über die Tastatur nutzen kannst:

- STRG + X für *„Ausschneiden“*
- STRG + C für *„Kopieren“*
- STRG + V für *„Einfügen“*

Diese *„Shortcuts“* funktionieren natürlich auch in *OneNote* und helfen Dir dabei, markierte Textteile noch schneller zu bearbeiten und an andere Positionen zu verschieben. Unerlässlich ist auch die bekannte Tastenkombination STRG + Z - damit kannst Du Änderungen auf einer Seite Schritt für Schritt wieder rückgängig machen, wenn sie Dir nicht gefallen. Weitere *„Shortcuts“* für die Bedienung von *OneNote* zeige ich Dir später in diesem Buch.

Mehr Text-Boxen, mehr Möglichkeiten

Was *OneNote* besser kann als *Word*: Du bist hier nicht auf eine fortlaufende Text-einheit beschränkt, sondern kannst einfach an jeder beliebigen Stelle auf Deiner Seite weitere Textboxen einfügen.

Klicke dazu mit dem Mauspfeil an eine andere beliebige Position auf Deiner Seite und beginne zu tippen. Das ist ein bisschen so, als würdest Du auf einer großen Tafel, einer Folie oder einem Whiteboard schreiben: Du entscheidest, wo Du weiterschreibst und eine zusätzliche Text-Info einfügst. Das kann bei einzelnen Notizen oder einer Stichwort-Sammlung sehr praktisch sein.

Abbildung 3.27: Text an verschiedenen Positionen

Wie Du die einzelnen Textboxen verschiebst, vergrößerst oder bearbeitest, habe ich Dir in diesem Kapitel bereits verraten. Hilfreich ist je nach Situation auch die Möglichkeit, mehrere Textboxen auf einmal zu verschieben, indem Du einfach mit gedrückter Maustasten einen Rahmen um die gewünschten Elemente ziehst und sie somit gemeinsam markierst.

Abbildung 3.28: mehrere Textboxen markieren

Du kannst nun alle markierten Textboxen auf einmal verschieben oder auch die Eigenschaften für mehrere Elemente gleichzeitig ändern. *OneNote* ist geduldig: Du brauchst weder Radiergummi noch Tintenkiller, um jede eingefügte Textbox auch wieder zu löschen. Das geht am schnellsten, wenn Du die zu löschende Textbox markierst. Klicke dann entweder oben in der Funktionsleiste auf das rote Kreuz-Symbol für *„Löschen"* oder drücke auf Deiner Tastatur die Taste *„Entf"* für *„Entfernen"*.

In diesem Kapitel hast Du erfahren, wie Du beliebige Texte an beliebigen Stellen einfügst. Du kannst die Textboxen verschieben, in der Größe verändern und auch wieder löschen. Du kannst Wörter oder ganze Textpassagen markieren und auf Wunsch optisch anpassen. Damit kennst Du das wichtigste Handwerkszeug, um Deine *OneNote*-Seiten mit Text-Inhalten zu füllen.

Im nächsten Kapitel werde ich Dir verraten, wie Du in *OneNote* dafür sorgst, dass Deine frisch befüllten Seiten auch verlässlich gespeichert werden und somit dank Cloud-Synchronisierung auf allen Deinen Geräten zur Verfügung stehen.

3.6 Synchronisieren statt speichern: Notizbücher automatisch aktualisieren

Vermutlich hast Du Briefe, Arbeitsblätter und sonstige Unterlagen bislang in *Word, OpenOffice* oder sonstigen Programmen verfasst. Im schlimmsten Fall hast Du es auch schon erlebt, dass Dein PC mitten in der Arbeit abgestürzt ist. Damit ist dann auch Dein mühsam geschriebener Text für immer verschwunden. Aus dieser ärgerlichen Erfahrung hast Du gelernt. Du weißt jetzt, wie wichtig es ist, Deine Dateien zwischendurch zu speichern. Vorsichtshalber.

Wenn Du mit mehreren Computern arbeitest – zum Beispiel an einem festen PC auf Deinem Schreibtisch sowie unterwegs mit einem Laptop -, dann verbringst Du vermutlich viel wertvolle Zeit mit dem Hin- und Herschieben Deiner Dateien zwischen beiden Geräten per USB-Stick, über eine externe Festplatte oder einem anderen Speichermedium. Die Gefahr ist dabei hoch, dass Du irgendwann mal mit den unterschiedlichen Datei-Versionen durcheinanderkommst.

OneNote macht auch hier Dein Leben einfacher. Wenn Du Dein Notizbuch zum Beispiel in der Cloud eingerichtet hast – die aus meiner Sicht schlaueste Entscheidung -, dann musst Du ab sofort nie mehr selbst ans Speichern denken und keine Dateien mehr per USB-Stick hin- und hertragen. *OneNote* kümmert sich für Dich um die Sicherung und Übertragung aller Inhalte – ganz automatisch!

So funktioniert das Prinzip:

Sobald Du in einem *OneNote*-Notizbuch etwas veränderst, zum Beispiel einen zusätzlichen Abschnitt erstellst, einen Text auf einer Seite bearbeitest oder eine bestehende Seite löschst, erkennt *OneNote* diese Änderung und wird aktiv. Das Programm gleicht alle Änderungen dann umgehend mit der Notizbuch-Version in der Cloud ab und synchronisiert selbstständig alle betreffenden Abschnitte und Seiten. Die neue Version Deiner Inhalte ist damit gesichert.

Damit Du Dich sicherer und informierter fühlst, zeigt *OneNote* es Dir an, wenn gerade eine automatische Synchronisierung läuft. Wenn Du zum Beispiel einen Text tippst, dauert es ein paar Sekunden, bis *OneNote* diese Änderung registriert. Neben dem Notizbuch-Titel in der linken Spalte erscheint auf dem dazugehörigen Symbol ein kleines grünes Rädchen – als Zeichen für eine gestartete und laufende Synchronisierung.

Abbildung 3.29: Synchronisierung läuft!

Sobald alle Inhalte vollständig synchronisiert sind, verschwindet dieses Symbol wieder. In früheren *OneNote*-Versionen (bis *OneNote 2010*) hat zusätzlich ein kleiner grüner Haken an dem Rädchen gezeigt, dass die Sicherung abgeschlossen ist. Wenn Du Dir unsicher bist, ob *OneNote* eine Änderung wirklich erkannt und synchronisiert hat, kannst Du auch eine „Zwangs-Synchronisierung" starten. Mit der rechten Maustaste klickst Du dafür auf das Notizbuch, dann auf den Eintrag *„Dieses Notizbuch jetzt synchronisieren"*. Alternativ funktioniert auch die Tastenkombination SHIFT + F9.

Du kannst auch den Synchronisierungs-Stand aller eingerichteten Notizbücher samt Datum und Uhrzeit ablesen und bei Bedarf zum Beispiel alle Notizbücher auf einmal synchronisieren. Das Fenster für diesen Überblick öffnet sich, wenn Du mit der rechten Maustaste auf das Notizbuch klickst und dann die Option *„Notizbuch-Synchronisierungsstatus"* auswählst.

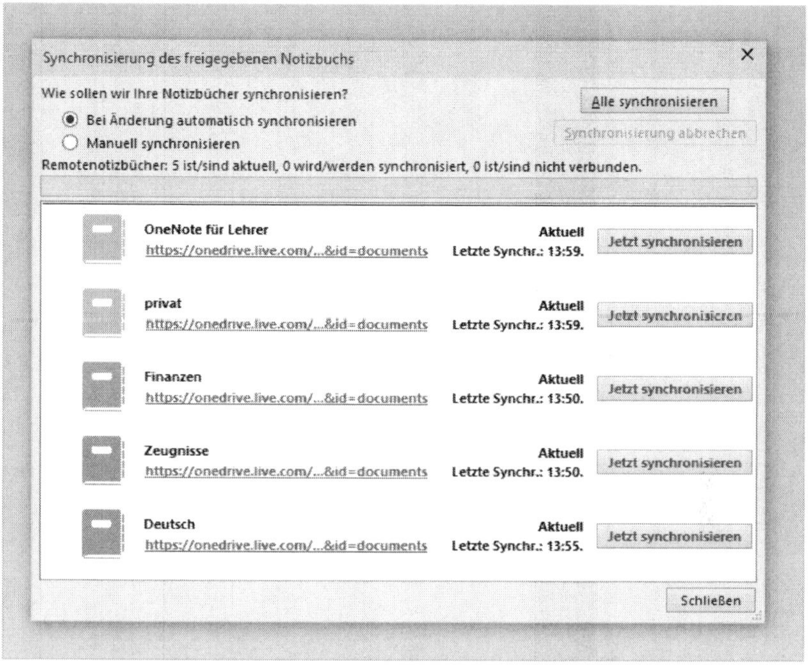

Abbildung 3.30: Synchronisierung Deiner Notizbücher im Überblick

Vielleicht möchtest Du während der Arbeit auf einer *OneNote*-Seite in anderen Notizbüchern, Abschnitten oder Seiten etwas nachschlagen oder mal einzelne Inhalte kopieren. Du musst auch dann nicht ständig ans Speichern denken. Du kannst innerhalb des Programms problemlos hin- und herspringen, ohne dass irgendetwas an Einträgen oder Informationen verloren geht.

Du wirst Dich schnell daran gewöhnen, dass *OneNote* das Speichern für Dich übernimmt und dass Du Dich sorgenfrei auf Deine Inhalte konzentrieren kannst. Im nächsten Buch-Teil zeige ich Dir noch weitere Möglichkeiten, die *OneNote* Dir im Lehrer- und Schulalltag bietet.

Teil 4

Inhalte einfügen

OneNote befüllen

4.1 Einfache Tabellen in *OneNote* erstellen

Ich habe Dir also im vorangegangenen Kapitel erklärt, wie Du Texte aller Art auf *OneNote*-Seiten platzierst und bearbeitest. Das ist für die meisten Zwecke wie Protokolle, textbasierte Arbeitsblätter, einfache Briefvorlagen oder persönliche Notizen völlig ausreichend. Jetzt möchte ich Dir zeigen, wie Du Informationen mit Hilfe von Tabellen übersichtlich strukturierst. Das gibt Dir mehr Spielraum bei der Gestaltung von *OneNote*-Seiten.

Tabellen sind oft die beste Möglichkeit, um Daten oder Zahlen übersichtlicher darzustellen oder bestimmte Inhalte zu anzuordnen. Auf *OneNote*-Seiten kannst Du einfache Tabellen erstellen, die diesen Zweck in den meisten Fällen erfüllen. In diesem Kapitel erkläre ich Dir, wie Du in *OneNote* zum Beispiel Namenslisten, Zensuren-Übersichten, Tagespläne oder einfache Abrechnungen anlegst.

Damit Du jetzt nicht zu viel erwartest: Die Design- und Layout-Funktionen der einfachen Tabelle kommen in *OneNote* bei weitem nicht an die umfangreichen Optionen in *Microsoft Word* heran. Für komplexe tabellarische Berechnungen wie in *Microsoft Excel* ist die hier vorgestellte Methode auch ungeeignet.

Es gibt auf *OneNote*-Seiten prinzipiell zwei Möglichkeiten, eine einfache Tabelle zu erstellen. Beide möchte ich Dir vorstellen:

Möglichkeit 1: Tabelle per Tabulator- und Enter-Taste

Wenn Du zu Beginn schon in etwa weißt, wie Deine Tabelle aussehen soll, ist diese Methode die schnellste. Dabei kommt die Tabulator-Taste auf der Tastatur zum Einsatz. Falls Du sie noch nicht kennst: Du findest sie in der Regel ganz links in der zweiten Tastenreihe. Sie ist oft mit zwei Pfeilen versehen.

Abbildung 4.1: Tabulator-Taste auf der Computer-Tastatur

Wir wollen nun beispielhaft eine Geburtstagsliste Deiner Schüler anlegen. In der geplanten Tabelle benötigen wir also eine Spalte für die Nachnamen, eine Spalte für die Vornamen und eine Spalte für das jeweilige Datum. Trage auf einer neu angelegten *OneNote*-Seite zuerst den Nachnamen des ersten Schülers ein:

Abbildung 4.2: Nachname in einer einfachen Textbox

Wenn Du jetzt einmal auf die Tabulator-Taste drückst, erstellt *OneNote* direkt eine Tabelle mit einer zweiten Spalte.

Abbildung 4.3: Tabelle mit einer Zeile und zwei Spalten

Du kannst nun in der neu angelegten Zelle den Vornamen des Schülers eingeben. Drücke danach noch einmal die Tabulator-Taste und gib in der dritten Spalte das Geburtsdatum ein – alles in dieser einen Zeile:

Abbildung 4.4: Tabelle mit einer Zeile und drei Spalten

Für den nächsten Schüler brauchen wir jetzt natürlich eine neue Zeile darunter. Per *Enter-/Return*-Taste – wie Du sie sonst am Ende einer Zeile drückst – springt der Cursor unter die erste Zelle und erweitert Deine Tabelle wie gewünscht. So sieht das Ergebnis dann in *OneNote* aus:

Geburtstagsliste

Althoff	Benjamin	18.05.2002

Abbildung 4.5: Neue Zeile in Deiner Tabelle

Jetzt kannst Du nach und nach alle Namen und Daten Deiner Schüler eingeben – komplett per Tastatur und ohne per Mausklick zu den einzelnen Zellen springen zu müssen.

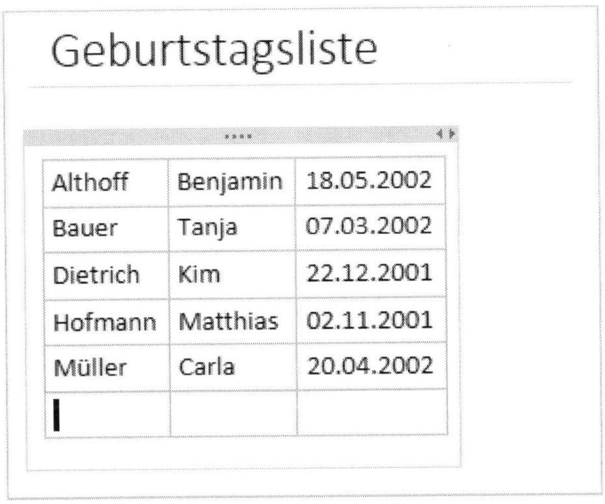

Geburtstagsliste

Althoff	Benjamin	18.05.2002
Bauer	Tanja	07.03.2002
Dietrich	Kim	22.12.2001
Hofmann	Matthias	02.11.2001
Müller	Carla	20.04.2002

Abbildung 4.6: erweiterte Geburtstagsliste als Tabelle

Möglichkeit 2: Tabelle über Funktionsleiste erstellen

Vielleicht möchtest Du direkt eine größere Tabelle anlegen und die Zellen nicht der Reihe nach, sondern flexibler mit Inhalten füllen. Dann könnte dies die schlauere Methode für Deinen Zweck sein.

Wir wollen einen einfachen Stundenplan anlegen – mit einer Kopfzeile für die Wochentage und einer ersten Spalte, um die Stunden durchzunummerieren. In der Funktionsleiste unter dem Reiter *„Einfügen"* findest Du die Möglichkeit, eine Tabelle zu erstellen. Wenn Du darauf klickst, wird Dir ein Raster mit Zeilen und Spalten angezeigt.

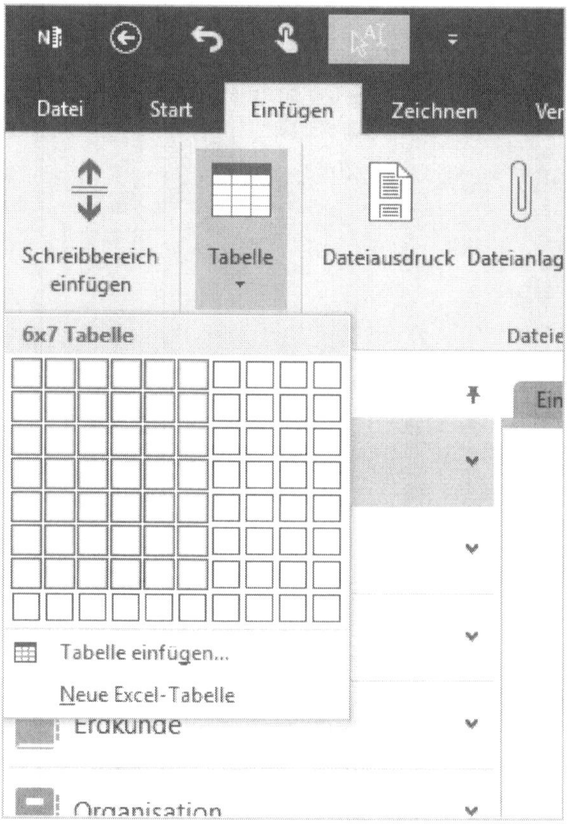

Abbildung 4.7: eine Tabelle erstellen

Wähle für unser Beispiel genau sechs Spalten und sieben Zeilen aus. *OneNote* setzt Deinen Wunsch umgehend um und erstellt auf der Seite die Tabelle nach Deinen Angaben. Du kannst nun direkt die Kopfzeile und die erste Spalte wie gewünscht ausfüllen.

Stundenplan

	Montag	Dienstag	Mittwoch	Donnerstag	Freitag
1.					
2.					
3.					
4.					
5.					
6.					

Abbildung 4.8: Stundenplan-Vorlage als Tabelle in OneNote

Du kannst diese Tabelle in *OneNote* natürlich nachträglich bearbeiten oder nach Belieben erweitern, zum Beispiel wenn Du mehr als sechs Stunden am Tag in der Schule bist (wovon ich mittlerweile ausgehe) oder auch samstags unterrichtest. Alle zusätzlichen Optionen für die Bearbeitung erscheinen in der Funktionsleiste oben unter der Registerkarte *„Layout“*, sobald Du an eine beliebige Stelle in der Tabelle klickst.

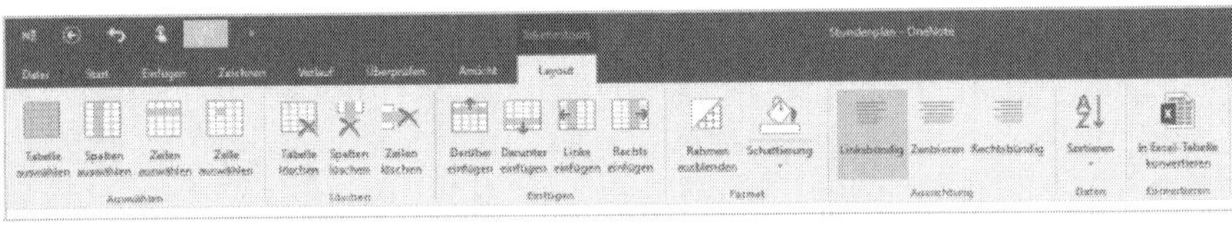

Abbildung 4.9 Layout-Funktionen für Tabellen in der Funktionsleiste

Wie immer empfehle ich Dir an dieser Stelle, Dich mit den verschiedenen Layout-Funktionen selbständig vertraut zu machen:

- Lösche einzelne Zeilen oder füge Spalten hinzu.
- Ziehe einzelne Zellen größer oder kleiner.
- Ändere die Ausrichtung von Text in einer Zelle oder in der ganzen Tabelle (linksbündig, mittig oder rechtsbündig).
- Gib einzelnen Zellen eine farbige Schattierung.

Du wirst feststellen, dass Du jede Tabelle in *OneNote* mit wenigen Handgriffen übersichtlicher gestalten und so flexibel an persönliche Bedürfnisse anpassen kannst – im Rahmen der angebotenen Möglichkeiten.

Stundenplan

	Montag	**Dienstag**	**Mittwoch**	**Donnerstag**	**Freitag**
1.	Deutsch *(8b)*		Deutsch *(5c)*		
2.	Deutsch *(8b)*		Deutsch *(5c)*	Physik *(7a)*	
	Pause	*Pause*	*Pause*	*Pause*	*Pause*
3.	Physik *(7a)*	Vertretung			
4.	Deutsch *(5c)*	Vertretung			
	Pause	*Pause*	*Pause*	*Pause*	*Pause*
5.			Deutsch (8b)		
6.					

Abbildung 4.10 Fertiger Stundenplan in einer OneNote-Tabelle

Mit einfachen Tabellen kennst Du nun eine weitere nützliche *OneNote*-Funktion. Tabellen können Dir dabei helfen, Dokumente wie Arbeitsblätter, Protokolle, Projektpläne, Notenlisten und vieles mehr übersichtlicher zu gestalten.

4.2 Fotos, Grafiken und Bilder auf *OneNote*-Seiten einfügen

Für anschaulichen Unterricht und abwechslungsreiche Arbeitsblätter brauchst Du noch weitere Elemente, die Dich bei der Visualisierung von Inhalten unterstützen, zum Beispiel Fotos, Grafiken und Bilder. Darum wollen wir uns in diesem Kapitel kümmern.

Du kannst Dir Deine *OneNote*-Seiten als multimediale Pinnwände vorstellen. Du kannst auf ihnen nämlich nicht nur Texte oder Tabellen hinterlassen, sondern zum Beispiel auch Fotos, Grafiken, Skizzen und sonstige Bilder einfügen - und zwar an jeder beliebigen Stelle. In diesem Artikel erfährst Du, wie Du Bilddateien auf einer *OneNote*-Seite platzieren und bearbeiten kannst.

Beispiel:

In Deinem Englisch-Unterricht geht es um die wichtigsten Sehenswürdigkeiten der Stadt London. Dafür hast Du in Deinem *OneNote*-Notizbuch einen eigenen Abschnitt mit mehreren Seiten angelegt.

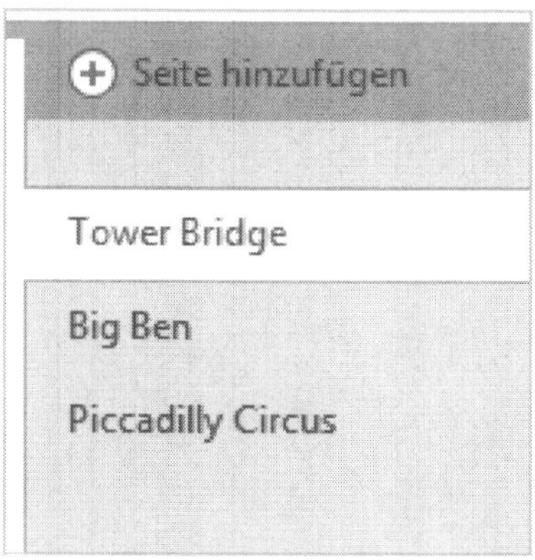

Abbildung 4.11: Beispiel-Seiten in OneNote

Auf den einzelnen Seiten hast Du bereits grundlegende Informationen zu den jeweiligen Sehenswürdigkeiten eingetragen, zum Beispiel Eckdaten aus einem Lexikon oder eine Beschreibung von *Wikipedia*.

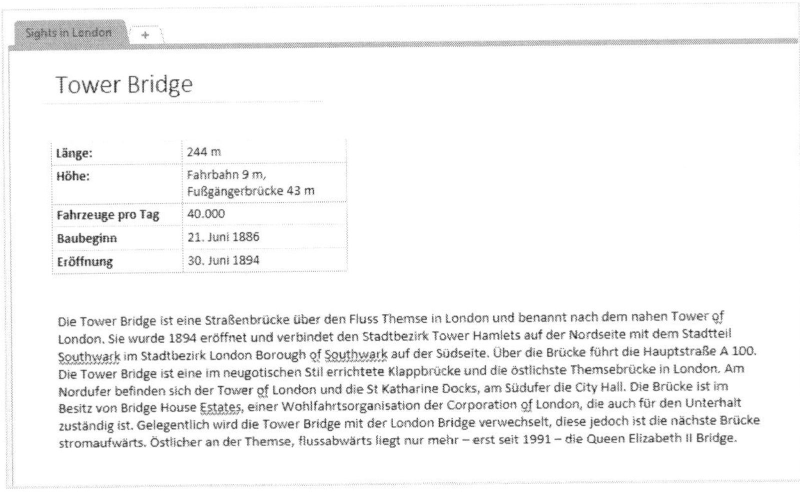

Sights in London

Tower Bridge

Länge:	244 m
Höhe:	Fahrbahn 9 m, Fußgängerbrücke 43 m
Fahrzeuge pro Tag	40.000
Baubeginn	21. Juni 1886
Eröffnung	30. Juni 1894

Die Tower Bridge ist eine Straßenbrücke über den Fluss Themse in London und benannt nach dem nahen Tower of London. Sie wurde 1894 eröffnet und verbindet den Stadtbezirk Tower Hamlets auf der Nordseite mit dem Stadtteil Southwark im Stadtbezirk London Borough of Southwark auf der Südseite. Über die Brücke führt die Hauptstraße A 100. Die Tower Bridge ist eine im neugotischen Stil errichtete Klappbrücke und die östlichste Themsebrücke in London. Am Nordufer befinden sich der Tower of London und die St Katharine Docks, am Südufer die City Hall. Die Brücke ist im Besitz von Bridge House Estates, einer Wohlfahrtsorganisation der Corporation of London, die auch für den Unterhalt zuständig ist. Gelegentlich wird die Tower Bridge mit der London Bridge verwechselt, diese jedoch ist die nächste Brücke stromaufwärts. Östlicher an der Themse, flussabwärts liegt nur mehr – erst seit 1991 – die Queen Elizabeth II Bridge.

Abbildung 4.12: Text auf einer OneNote-Seite

Jetzt möchtest Du noch passende Fotos zu den Texten hinzufügen, die Du zum Beispiel noch von der letzten Klassenfahrt auf der Festplatte hast. Der einfachste Weg: Klicke auf der *OneNote*-Seite an die Stelle, an der Du das Foto einfügen möchtest. Als nächstes wählst Du in der Funktionsleiste den Reiter *„Einfügen"* aus und klickst auf *„Bilder"* (in der Mitte).

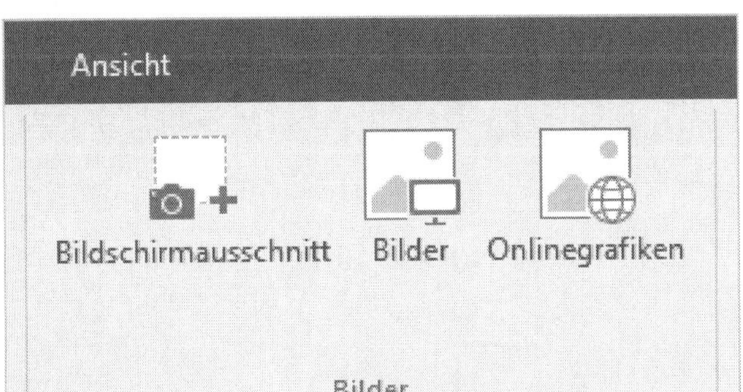

Abbildung 4.13: Funktion „Bild einfügen"

Jetzt öffnet sich ein Explorer-Fenster, wie Du es innerhalb von *Windows* bereits aus vielen Computer-Programmen kennst. Gehe zu dem Ordner, in dem Du das Foto gespeichert hast, und wähle die gewünschte Bilddatei aus. In unserem Beispiel ist das ein Foto von der berühmten Tower Bridge in London:

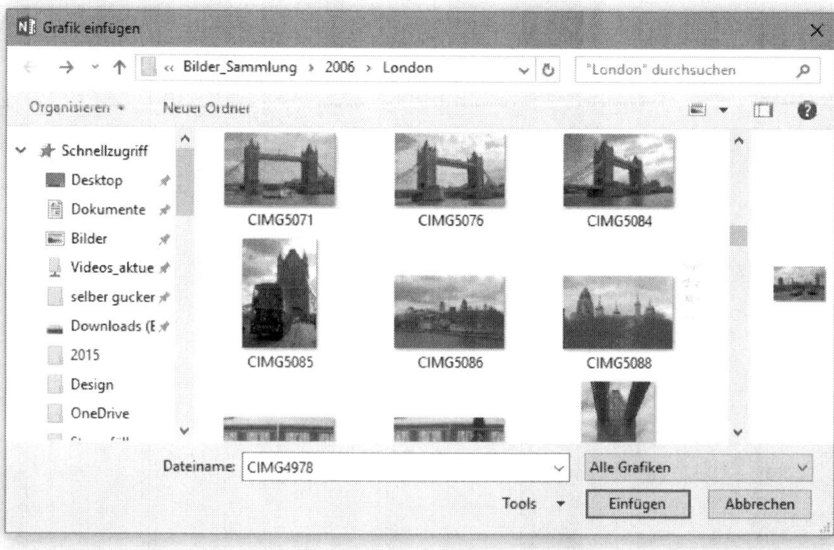

Abbildung 4.14: Explorer-Fenster in Windows 10

OneNote fügt das ausgewählte Foto direkt auf Deiner Seite ein – aber vermutlich auf Anhieb nicht genau in der Größe, wie Du es Dir eigentlich vorgestellt hast. In unserem Beispiel ist das Foto zu groß. Es verschiebt Deine mühsam positionierte Textbox mit der Kurzbeschreibung zur Tower Bridge.

Abbildung 4.15: eingefügtes Foto auf einer OneNote-Seite

Erinnerst Du Dich daran, dass Du die Größe und die Position von Textboxen nachträglich verändern kannst? Genauso lässt sich auch ein Foto größer oder kleiner ziehen und an eine andere Position verschieben: Fahre mit dem Mauspfeil über das Foto. Es erscheinen ein Rahmen mit kleinen Quadraten und in der Mitte ein rundes Symbol mit Pfeilen zum Verschieben des Bildes.

Abbildung 4.16: Bearbeitungsfunktionen für Bilder

Klicke auf einen der „Anfasser“, halte die linke Maustaste gedrückt und bewege die Maus in eine beliebige Richtung. Das Foto verändert sich mit der Bewegung. Wenn Du mit der neuen Größe zufrieden bist, kannst Du die Maustaste einfach loslassen. In unserem Beispiel fügt sich das Bild jetzt wunderbar in das Layout der *OneNote*-Seite ein.

Sights in London

Tower Bridge

Länge:	244 m
Höhe:	Fahrbahn 9 m, Fußgängerbrücke 43 m
Fahrzeuge pro Tag	40.000
Baubeginn	21. Juni 1886
Eröffnung	30. Juni 1894

Die Tower Bridge ist eine Straßenbrücke über den Fluss Themse in London und benannt nach dem nahen Tower of London. Sie wurde 1894 eröffnet und verbindet den Stadtbezirk Tower Hamlets auf der Nordseite mit dem Stadtteil Southwark im Stadtbezirk London Borough of Southwark auf der Südseite. Über die Brücke führt die Hauptstraße A 100. Die Tower Bridge ist eine im neugotischen Stil errichtete Klappbrücke und die östlichste Themsebrücke in London. Am Nordufer befinden sich der Tower of London und die St Katharine Docks, am Südufer die City Hall. Die Brücke ist im Besitz von Bridge House Estates, einer Wohlfahrtsorganisation der Corporation of London, die auch für den Unterhalt zuständig ist. Gelegentlich wird die Tower Bridge mit der London Bridge verwechselt, diese jedoch ist die nächste Brücke stromaufwärts. Östlicher an der Themse, flussabwärts liegt nur mehr – erst seit 1991 – die Queen Elizabeth II Bridge.

Abbildung 4.17: Foto passend eingefügt

Das Foto der berühmten *Tower Bridge* in London sitzt nun also an der richtigen Stelle. Weiter geht’s! Beim Foto vom Elizabeth Tower mit der berühmten Glocke „Big Ben“ stoßen wir allerdings auf ein Problem:

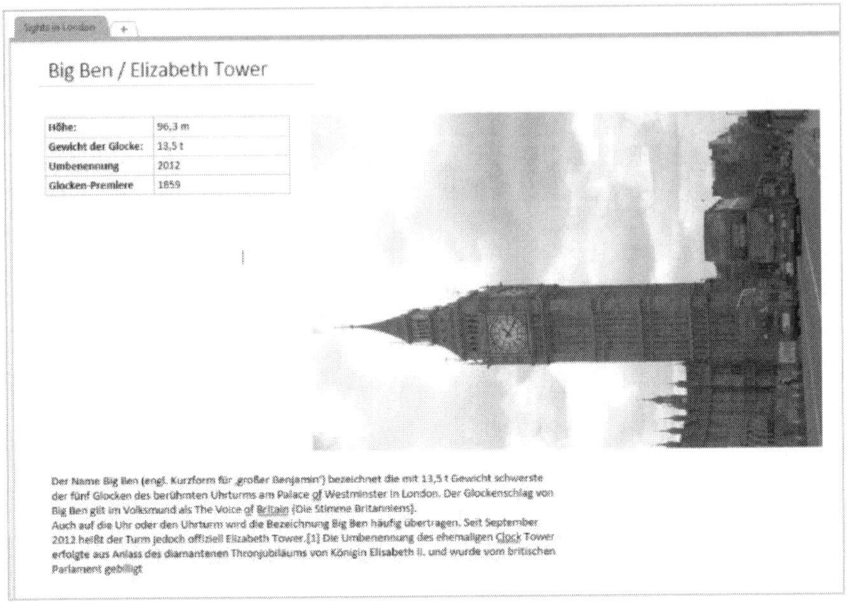

Abbildung 4.18: Foto im Querformat eingefügt

Das Foto wurde eigentlich hochkant aufgenommen. *OneNote* hat es auf Anhieb im Querformat eingefügt. Diese Schieflage bekommen wir aber mit wenigen Handgriffen schnell in den Griff.

OneNote kann natürlich kein professionelles Bildbearbeitungsprogramm wie *Photoshop* ersetzen. Eine einfache Funktion wie das Drehen von Fotos ist aber überhaupt kein Problem: Klicke dafür mit der rechten Maustaste auf das Foto. *OneNote* bietet Dir im Kontextmenü die Funktion *„Drehen"* an. Wähle nun die gewünschte Richtung aus. Wenn Du den Dreh raus hast, sollte der berühmte Glockenturm wieder senkrecht stehen.

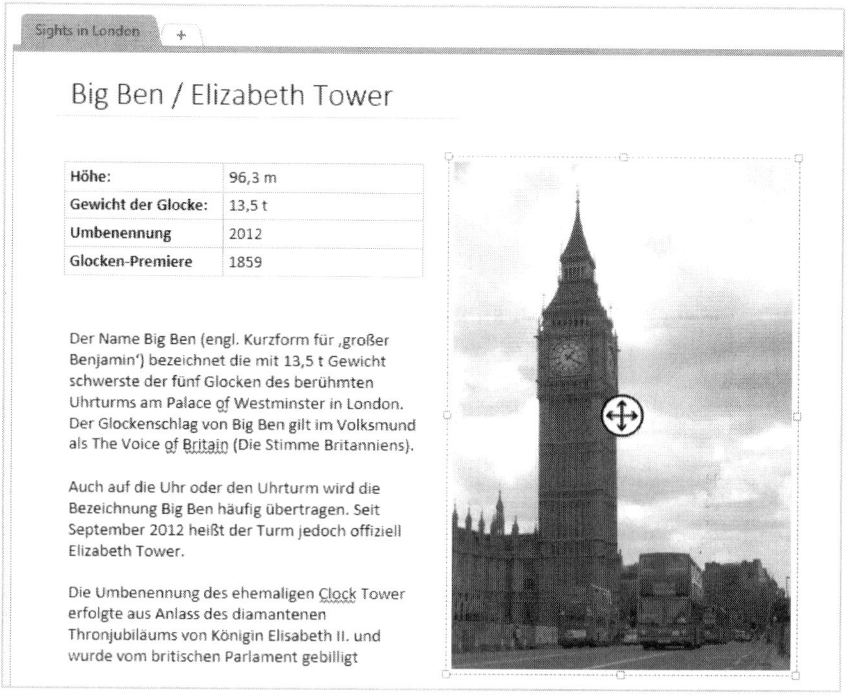

Abbildung 4.19: gedrehtes Foto auf einer OneNote-Seite

Was Du noch wissen solltest:

Wenn Du im Internet ein interessantes Foto, eine Grafik oder ein Bild entdeckst, das Du aktuell oder später im Unterricht einsetzen möchtest, kannst Du es direkt in *OneNote* hinterlegen. Du kannst das Bild einfach per Maus direkt aus dem Browser-Fenster auf eine freie Stelle Deiner *OneNote*-Seite ziehen. Es wird dann umgehend dort eingefügt.

Alternativ klickst Du im Internet-Browser mit der rechten Maustaste auf das Bild, kopierst es und fügst es dann per Rechtsklick oder mit Hilfe der entsprechenden Tastenkombination *STRG + V* auf der *OneNote*-Seite ein.

Für Bilder gibt es unterschiedliche Dateiformate mit jeweils unterschiedlichen Einsatzmöglichkeiten: Fotos liegen meist als JPG-Datei vor und haben deshalb in der Regel die Dateiendung *.jpg*. Das ist bei Bildern seit Jahren das wohl gängigste und bekannteste Dateiformat, das nahezu jede Digitalkamera beherrscht. Auch Fotos aus dem Internet sind meistens JPG-Dateien. Bei Grafiken oder Skizzen stößt man oft auch auf PNG-, GIF- oder BMP-Dateien. Auch diese Bilddateien kannst Du in *OneNote* einfügen. Du musst Dir also innerhalb von *OneNote* in der Regel keine Gedanken über die unterschiedlichen Formate machen: *OneNote* kann mit nahezu allen gängigen Bilddateien umgehen.

Wenn Du mehrere Bilder und Fotos einfügst, können diese auf Deiner *OneNote*-Seite überlappen. Wenn Du dabei die Anordnung der Ebenen verändern und zum Beispiel ein Bild von hinten nach ganz vorne holen möchtest, klickst Du einfach mit der rechten Maustaste auf eines der Fotos. Dort kannst Du die Funktion *„Reihenfolge"* auswählen und die Anordnung der Bilder schrittweise anpassen.

Abbildung 4.20: Zwei Fotos auf einer OneNote-Seite überlappen

Abbildung 4.21: Veränderte Reihenfolge der Fotos

Wie Du es bereits von *OneNote* kennst, musst Du Dich auch beim Umgang mit Bildern nicht manuell ums Speichern der Veränderungen kümmern. Seiten mit Fotos werden ebenfalls automatisch synchronisiert. Die Bilder bleiben dabei ein fester integrierter Bestandteil Deines Notizbuchs – solange Du es willst. Dabei solltest Du nur im Hinterkopf behalten, dass Bilder natürlich mehr Speicherplatz benötigen als einfacher Text.

Jetzt kennst Du die wichtigsten Funktionen, um Deine *OneNote*-Seiten lebendig zu gestalten. Kopiervorlagen für die Schule und viele weitere Unterlagen lassen sich bequem mit Fotos und Grafiken anreichern. So sind Deiner Fantasie und Kreativität kaum Grenzen gesetzt.

4.3 Screenshots in *OneNote* einfügen

Nach dem vorherigen Kapitel sollte es für Dich kein Problem mehr sein, verschiedene Fotos, Grafiken und Bilder von Deiner Festplatte auf eine *OneNote*-Seite zu bringen. Du kannst ihre Größe individuell anpassen und Bilder nach Bedarf auch drehen. In diesem Kapitel lernst Du nun eine weitere Methode kennen, um Dein Notizbuch mit Bild-Inhalten zu befüllen.

Wenn Du Deinen Unterricht am Computer vorbereitest, recherchierst Du dafür sicher oft im Internet oder nutzt professionelle Programme, in denen Du eigene Schaubilder oder Grafiken bastelst. Was auch immer Du an Deinem Bildschirm zusammenstellst: Mit der praktischen *OneNote*-Funktion *„Bildschirmausschnitt“* kannst Du verschiedene Elemente von Deinem Monitor „abfotografieren“, um sie ohne Umwege in Dein Notizbuch einzufügen und so dauerhaft zu sichern. Für diese sogenannten „Screenshots“ gibt es mehrere mögliche Wege, die ich Dir in diesem Kapitel vorstellen möchte.

Funktion „Bildschirmausschnitt“ in *OneNote*

Anhand eines praktischen Beispiels kann ich Dir diese Funktion wieder besser erklären, diesmal aus dem Unterrichtsfach Mathematik. Lehrer benutzen oft spezielle Software, um komplizierte Berechnungen durchzuführen und diese mit Kurven und Diagrammen zu visualisieren.

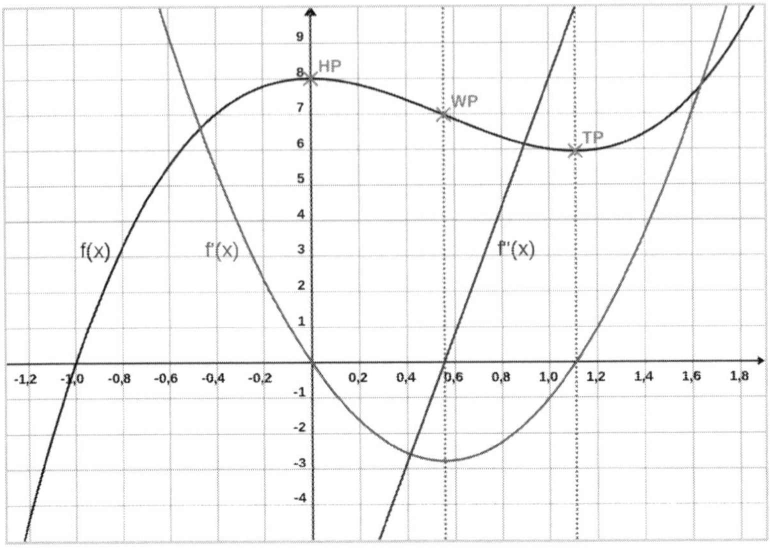

Abbildung 4.22: Visuelle Darstellung aus dem Bereich Mathematische

Man kann diese Berechnungen zwar speichern, aber oft nur in einem speziellen Dateiformat, mit dem das jeweilige Computerprogramm umgehen kann. Damit kannst *OneNote* natürlich nichts anfangen. Du kannst stattdessen aber immer einen sogenannten *„Bildschirmausschnitt"* erstellen. Die Funktion findest Du auch wieder in der Funktionsleiste oben unter dem Reiter *„Einfügen"*.

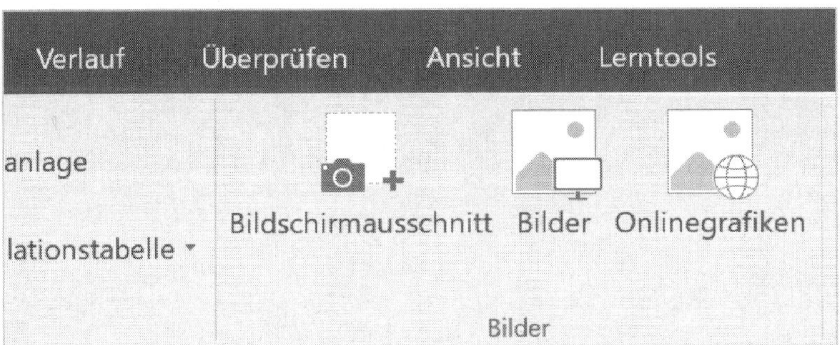

Abbildung 4.23: Funktionsleiste in OneNote

Wenn Du auf das Symbol klickst, wird *OneNote* kurzzeitig ausgeblendet. Stattdessen wird das dahinterliegende Programmfenster mit einem aufgehellten Bildschirm angezeigt. Per Fadenkreuz kannst Du nun exakt die Stelle auf Deinem Bildschirm ausschneiden, die Du als Grafik in *OneNote* übertragen und speichern möchtest. Ziehe mit der gedrückten linken Maustaste einfach einen Rahmen um die betreffende Stelle. Sobald Du die Maustaste loslässt, kopiert *OneNote* den Ausschnitt umgehend als Kopie auf Deine aktuelle Seite. Fertig!

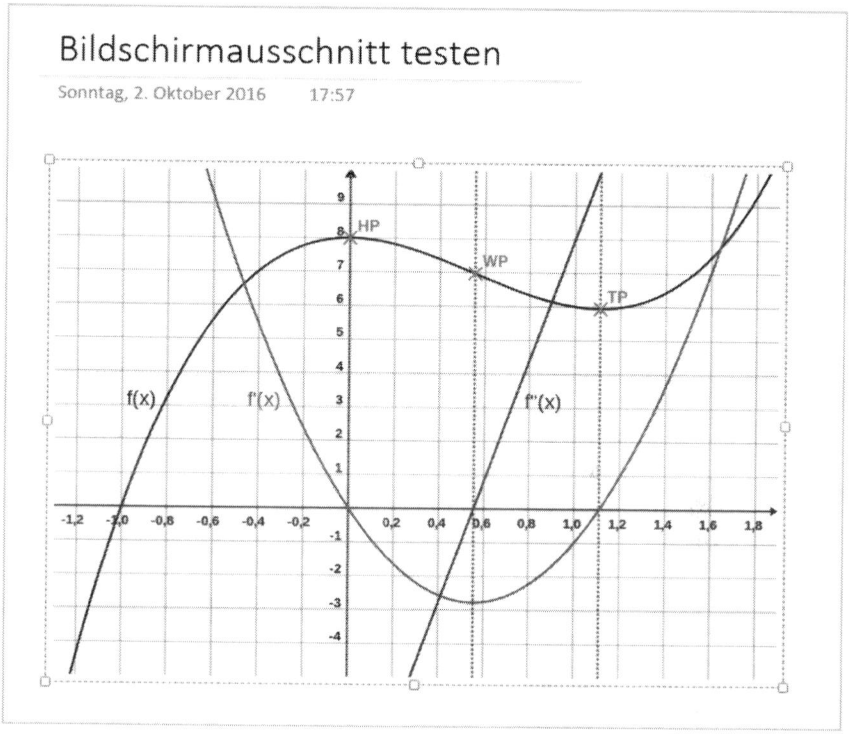

Abbildung 4.24: Bildschirmausschnitt auf einer OneNote-Seite

Das funktioniert natürlich mit jeder Art von Bildschirm-Inhalt, also zum Beispiel auch mit Teilen einer Internetseite oder sonstigen Dokumenten.

OneNote-Symbol im Info-Bereich

Vielleicht ist es Dir schon einmal selbst aufgefallen: Wenn Du *OneNote* auf einem *Windows*-PC installiert hast, dann findest Du rechts unten im sogenannten Info-Bereich ein kleines Symbol. Dieses Helferlein steht Dir auch dann zur Verfügung, wenn das Programm gerade eigentlich geschlossen ist.

Abbildung 4.25: OneNote-Symbol im Info-Bereich

Sollte das Symbol dort nicht zu finden sein, kannst Du es über das Options-Menü in *OneNote* jederzeit aktivieren:

(Datei => Optionen => Anzeige =>
OneNote-Symbol im Infobereich der Taskleiste anzeigen)

In der Standardeinstellung hat das Symbol eine andere Funktion: Wenn Du es anklickst, wird eine *„schnelle Notiz"* geöffnet, in der Du zum Beispiel spontane Gedanken festhalten kannst. Wenn Du aber regelmäßig Bildschirmausschnitte machen willst, kannst Du die Standardeinstellung ändern: Klicke dazu mit der rechten Maustaste auf das Symbol. Unter *„Standardwerte für OneNote-Symbol"* kannst Du festlegen, dass ab sofort die Funktion *„Bildschirmausschnitt erstellen"* gestartet wird.

Du liebst Tastaturkürzel? Alternativ kannst Du Dir auch den Shortcut „*Windows*-Taste + SHIFT + S" merken, der das Screenshot-Tool von *OneNote* startet.

Kompletten Screenshot einfügen

Wie so oft gibt es viele Wege, um ans Ziel zu kommen. Ich möchte Dir noch einen besonders einfachen Weg zeigen, mit dem Du die komplette Bildschirmansicht kopieren und in *OneNote* einfügen kannst.

Die Taste *„Druck“* auf Deiner Tastatur benutzt Du sicher nicht so häufig. Sie sitzt meist oben rechts. Wenn Du sie drückst, wird der komplette Bildschirminhalt in den Zwischenspeicher kopiert. Wechsle dann auf eine *OneNote*-Seite und drücke die Tastenkombination STRG + V zum Einfügen. Schon wird der Screenshot Teil Deines Notizbuchs.

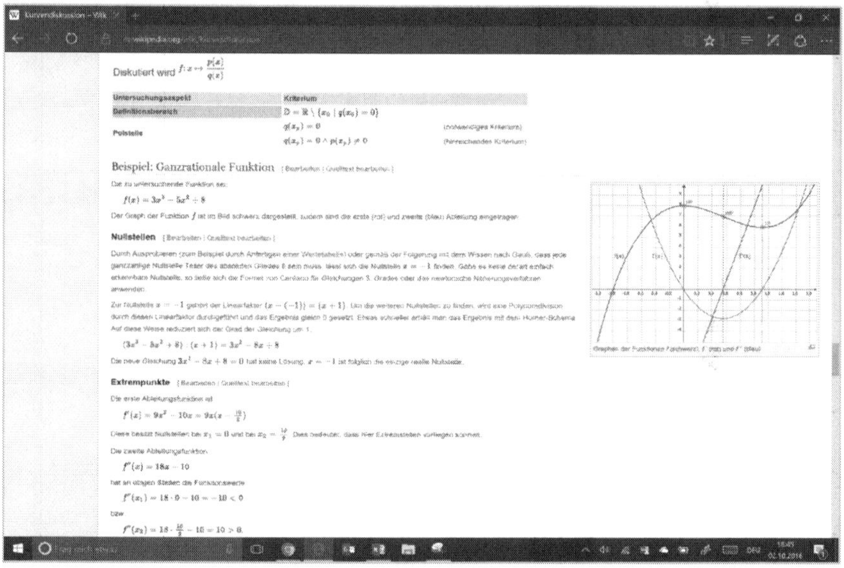

Abbildung 4.26: kompletter Screenshot per Tastendruck

Zur Erinnerung: Du musst alle in *OneNote* eingefügten Grafiken und Bilder nicht noch einmal separat als Dateien speichern. *OneNote* integriert sie in Dein Notizbuch und synchronisiert sie automatisch mit der Cloud.

4.4 E-Mails aus Outlook in *OneNote* einfügen und archivieren

Nach wie vor spielen E-Mails in der privaten und beruflichen Kommunikation eine wichtige Rolle. Bestimmte Nachrichten und Informationen sind es wert, sie auch außerhalb Deines E-Mail-Programms zu verwahren. Sie dafür auszudrucken und abzuheften, kannst Du Dir dank *OneNote* in Zukunft aber sparen.

Vielleicht hat Dir ein Kollege per E-Mail einen Text gesendet, den Du zu Deinen Unterrichtsmaterialien hinzufügen möchtest. Vielleicht willst Du wichtige Nachrichten von Schülern oder Eltern archivieren oder Info-Newsletter übersichtlich aufbewahren. Es gibt viele Anwendungsfälle für diese hilfreiche Funktion.

Ich möchte Dir in diesem Kapitel zeigen, wie Du empfangene Nachrichten aus dem E-Mail-Programm *Outlook* problemlos in *OneNote* einfügen und archivieren kannst. Dass dieser Abschnitt ungewohnt kurz ist, hat einen guten Grund: Die Funktion ist besonders einfach zu finden und mit wenigen Klicks anzuwenden. Versprochen!

Mit dem mächtigen Mail-Programm *Outlook* kannst Du übrigens auch Deinen Kalender und Dein Adressbuch verwalten. *Outlook* gehört seit vielen Jahren fest zu *Microsoft Office* und meiner Meinung nach auf jeden typischen Büro-PC. Ich selbst arbeite täglich damit.

Im folgenden Beispiel geht es um eine Klassenfahrt: Du hast bereits ein *OneNote*-Notizbuch angelegt, in dem Du sämtliche Informationen rund um die Klassenfahrt sammelst. Du hast dafür schon entsprechende Abschnitte eingerichtet.

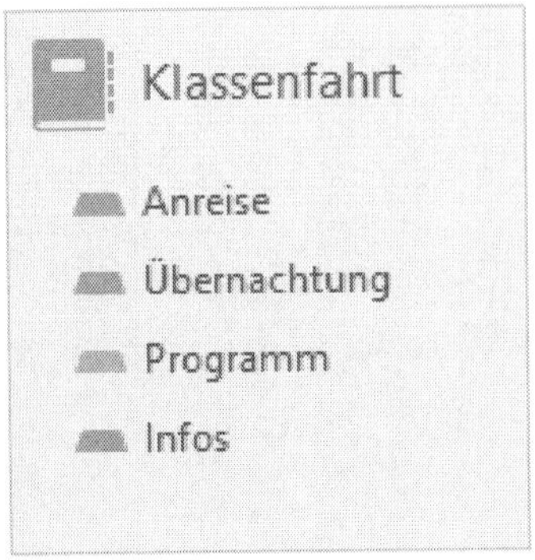

Abbildung 4.22: Beispiel-Notizbuch für eine Klassenfahrt

Die Unterkunft – in diesem Fall eine Jugendherberge – hat Dir per E-Mail eine Bestätigung für die Zimmerreservierung gesendet. Diese wichtige Nachricht willst Du nicht (oder nicht nur) in Deinem hoffnungslos überfüllten E-Mail-Postfach aufbewahren, sondern gemeinsam mit allen weiteren Reiseunterlagen in Deinem *OneNote*-Notizbuch hinterlegen.

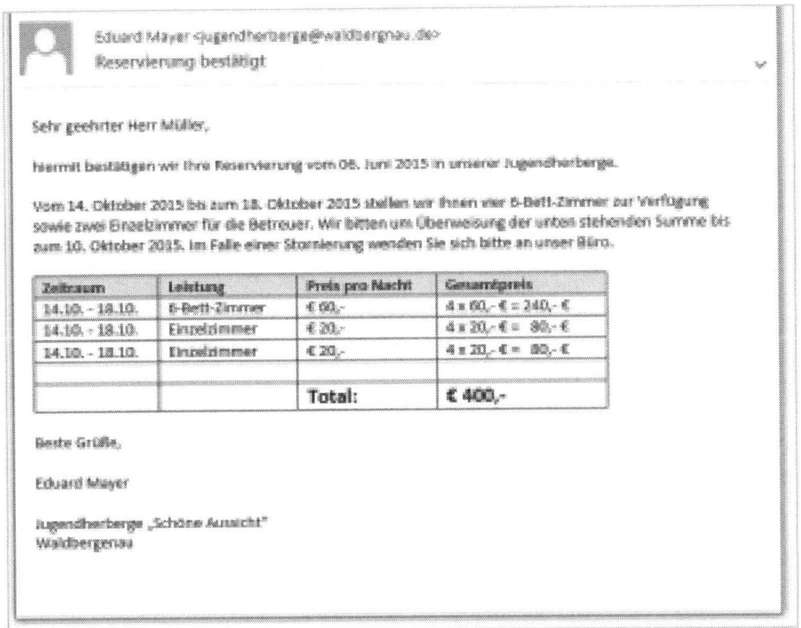

Eduard Mayer <jugendherberge@waldbergenau.de>
Reservierung bestätigt

Sehr geehrter Herr Müller,

hiermit bestätigen wir Ihre Reservierung vom 08. Juni 2015 in unserer Jugendherberge.

Vom 14. Oktober 2015 bis zum 18. Oktober 2015 stellen wir Ihnen vier 6-Bett-Zimmer zur Verfügung sowie zwei Einzelzimmer für die Betreuer. Wir bitten um Überweisung der unten stehenden Summe bis zum 10. Oktober 2015. Im Falle einer Stornierung wenden Sie sich bitte an unser Büro.

Zeitraum	Leistung	Preis pro Nacht	Gesamtpreis
14.10. - 18.10.	6-Bett-Zimmer	€ 60,-	4 x 60,- € = 240,- €
14.10. - 18.10.	Einzelzimmer	€ 20,-	4 x 20,- € = 80,- €
14.10. - 18.10.	Einzelzimmer	€ 20,-	4 x 20,- € = 80,- €
		Total:	**€ 400,-**

Beste Grüße,

Eduard Mayer

Jugendherberge „Schöne Aussicht"
Waldbergenau

Abbildung 4.23: empfangene E-Mail in Outlook

E-Mail per Mausklick in *OneNote* einfügen

Wir befinden uns also im E-Mail-Programm *Outlook*. Klicke im Posteingang mit der rechten Maustaste auf die betreffende E-Mail. Im Kontextmenü erscheint nun ein Eintrag für *OneNote*.

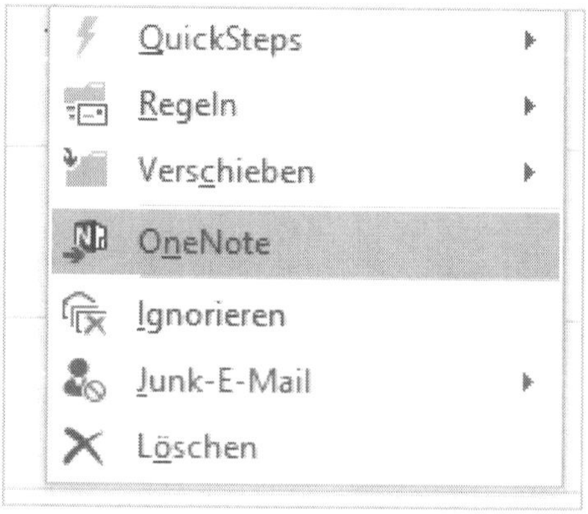

Abbildung 4.24: Kontextmenü einer E-Mail in Outlook

Alternativ findest Du dieselbe Funktion auch in der Leiste oben unter *„Start“*.

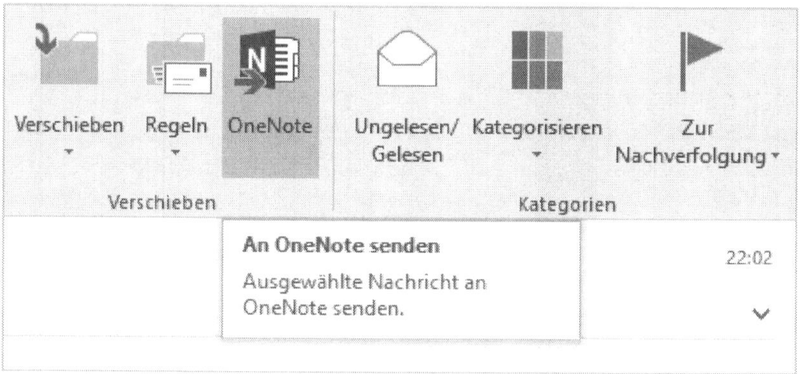

Abbildung 4.25: OneNote-Icon in der Outlook-Funktionsleiste

Wenn Du darauf klickst, öffnet sich ein weiteres Fenster. Darin kannst Du nun auswählen, unter welchem Abschnitt bzw. in welchem Deiner geöffneten Notizbücher Du die E-Mail als neue *OneNote*-Seite einfügen möchtest.

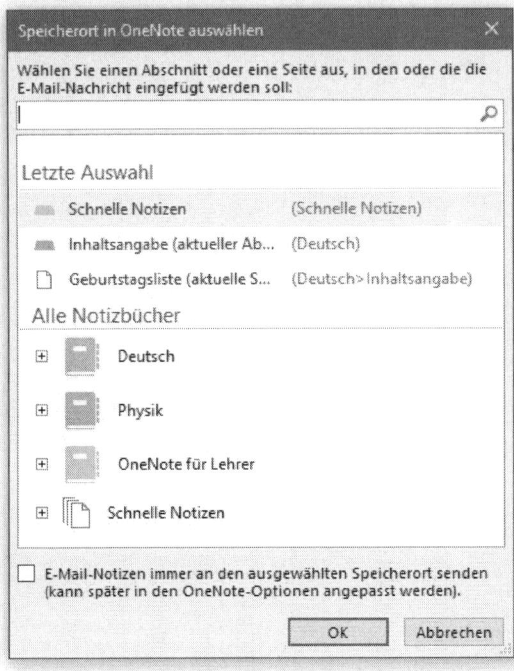

Abbildung 4.26: Speicherort für E-Mail auswählen

Sobald Du einen Speicherort für Deine E-Mail ausgewählt hast, machen *Outlook* und *OneNote* den Rest unter sich aus. *OneNote* behält beim Einfügen sowohl den Adresskopf als auch das Layout der Nachricht bei.

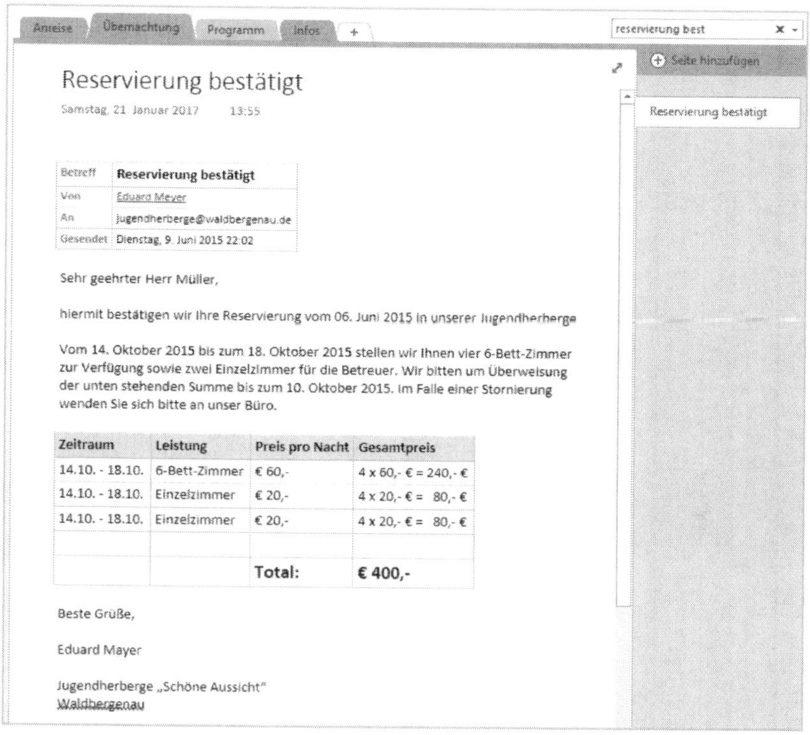

Reservierung bestätigt

Samstag, 21. Januar 2017 13:55

Betreff	**Reservierung bestätigt**
Von	Eduard Meyer
An	jugendherberge@waldbergenau.de
Gesendet	Dienstag, 9. Juni 2015 22:02

Sehr geehrter Herr Müller,

hiermit bestätigen wir Ihre Reservierung vom 06. Juni 2015 in unserer Jugendherberge

Vom 14. Oktober 2015 bis zum 18. Oktober 2015 stellen wir Ihnen vier 6-Bett-Zimmer zur Verfügung sowie zwei Einzelzimmer für die Betreuer. Wir bitten um Überweisung der unten stehenden Summe bis zum 10. Oktober 2015. Im Falle einer Stornierung wenden Sie sich bitte an unser Büro.

Zeitraum	Leistung	Preis pro Nacht	Gesamtpreis
14.10. - 18.10.	6-Bett-Zimmer	€ 60,-	4 x 60,- € = 240,- €
14.10. - 18.10.	Einzelzimmer	€ 20,-	4 x 20,- € = 80,- €
14.10. - 18.10.	Einzelzimmer	€ 20,-	4 x 20,- € = 80,- €
		Total:	**€ 400,-**

Beste Grüße,

Eduard Mayer

Jugendherberge „Schöne Aussicht"
Waldbergenau

Abbildung 4.27: E-Mail in OneNote eingefügt

So kannst Du alle Informationen aus E-Mails jederzeit auch in Deinem *OneNote*-Notizbuch verfügbar machen – jeweils dort, wo Sie aus Deiner Sicht inhaltlich hingehören und wo Du sie haben willst. Natürlich kannst Du diese neu erstellte Seite bearbeiten. Du kannst zum Beispiel unnötige Informationen aus der E-Mail löschen oder zusätzliche Erläuterungen einfügen. In jedem Fall kann die Funktion dauerhaft Dein Mail-Postfach entlasten und so den Mehrwert von *OneNote* für Deine tägliche Arbeit erhöhen.

Ich zeige Dir später noch, wie Deine Kollegen auf Deine gesammelten Unterlagen zugreifen können, indem Du Dein Notizbuch für die Zusammenarbeit via Internet freigibst. Du musst ihnen dann also nicht mehr wie bisher alle E-Mails und Infos einzeln weiterleiten.

4.5 Dokumente als Dateianlage oder als Ausdruck in *OneNote* einfügen

Ich möchte meine ehrgeizigen Versprechen aus der Einführung zu diesem Buch halten. Dazu gehört auch das Versprechen, dass *OneNote* der perfekte Ort sein kann, um Dokumente aller Art zu archivieren und zu verwalten. Mit bekannten Dateiformaten kann *OneNote* von Haus aus schon gut umgehen. Außerdem gibt es einen tollen Trick, mit dem Du selbst die ungewöhnlichsten Arten von Dokumenten in Deinem Notizbuch ablegen kannst. Wir schauen uns in diesem Kapitel wie immer die verschiedenen Möglichkeiten gemeinsam an.

PDF- und *Word*-Dateien in *OneNote* einfügen

Word-Dateien hast Du vermutlich haufenweise auf der Festplatte gespeichert. Briefe und sonstige Texte schreiben die meisten Menschen ja in *Microsoft Word*, alternativ auch in der kostenlosen Büro-Software *OpenOffice*. Man kann *Word*-Dateien per E-Mail verschicken oder empfangene Dateien bearbeiten, so wie Du es sicher schon mal im Austausch mit Lehrerkollegen getan hast.

PDF-Dateien gehören wohl zu der meist verbreiteten Form, in der Dir digitale Dokumente begegnen. Das können zum Beispiel Broschüren aus dem Internet, Arbeitsblätter mit festem Layout oder Abrechnungen per E-Mail sein. Man kann PDF-Dateien einzeln mit einem kostenlosen Programm wie dem bekannten *Acrobat Reader* von der Firma *Adobe* öffnen. *Windows 10* und *Microsoft Office* können mittlerweile mit PDF-Dateien umgehen und sie ohne jegliche Zusatz-Software auf dem Bildschirm anzeigen.

Auch in einem *OneNote*-Notizbuch können solche PDF- und *Word*-Dateien gut aufgehoben sein. Du kannst sie dafür auf einer *OneNote*-Seite als Dateianlage einfügen – wie bei einer E-Mail. Noch praktischer: Du kannst Dir die Dokumente direkt in *OneNote* anzeigen lassen, indem Du sie als sichtbaren Ausdruck einfügst und so jederzeit in Deinen Dokumenten blättern und lesen kannst.

Beispiel:

Du hast im Internet ein Arbeitsblatt gefunden, das als PDF-Datei vorliegt. Dieses Dokument möchtest Du nun in *OneNote* einfügen. Wähle dazu also den Reiter *„Einfügen“* in der Funktionsleiste und klicke auf das Symbol mit der Beschriftung *„Dateiausdruck“*.

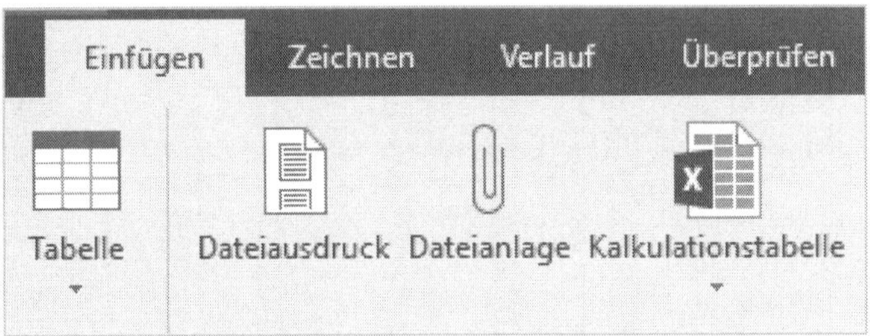

Abbildung 4.28: Funktion „Dateiausdruck“ aufrufen

Es öffnet sich ein Fenster, in dem Du den Speicherort der Datei suchen und diese auswählen kannst. *OneNote* fügt dann auf der aktuellen Seite sowohl ein Symbol für die PDF-Datei selbst ein sowie das Dokument als digitalen Ausdruck direkt darunter. Dieses Vorgehen funktioniert übrigens auch bei größeren PDF-Dateien mit mehreren Seiten sowie bei *Word*-Dateien.

Abbildung 4.29: eingefügter Ausdruck einer PDF-Datei

In jedem Fall musst die ursprüngliche Datei jetzt nicht mehr zusätzlich in einem anderen Ordner speichern. *OneNote* hat die Datei in Dein Notizbuch integriert und wird sie wie gewohnt auch mit der Cloud sowie mit Deinen anderen Geräten synchronisieren. Per Doppelklick auf das Symbol kannst Du sie jederzeit von hier aus öffnen.

Wie Du aus Deinen *OneNote*-Seiten wiederum selbst PDF- oder *Word*-Dateien machen kannst, zeige ich Dir in einem späteren Kapitel.

Excel-Dateien in *OneNote* einfügen

Wie Du auf *OneNote*-Seiten einfache Tabellen erstellen kannst, habe ich Dir in einem früheren Kapitel gezeigt. Wenn es um komplexere Tabellen mit automatischen Berechnungen geht, ist aber kaum ein PC-Programm so mächtig wie *Microsoft Excel*. Du kennst *Excel* vielleicht schon, weil Du damit schon mal so spannende Aufgaben wie Notenberechnungen, Lernstandserhebungen oder sonstige Auswertungen erledigt hast.

Die Tabellenkalkulation *Excel* ist ebenfalls Teil von *Microsoft Office* und fügt sich seit der neuesten Version reibungslos in *OneNote* ein. Dafür ist Voraussetzung, dass *Excel* auf Deinem Computer installiert ist. Du kannst über die Funktionsleiste entweder eine bereits vorhandene *Excel*-Datei oder eine komplett neue Tabelle einfügen:

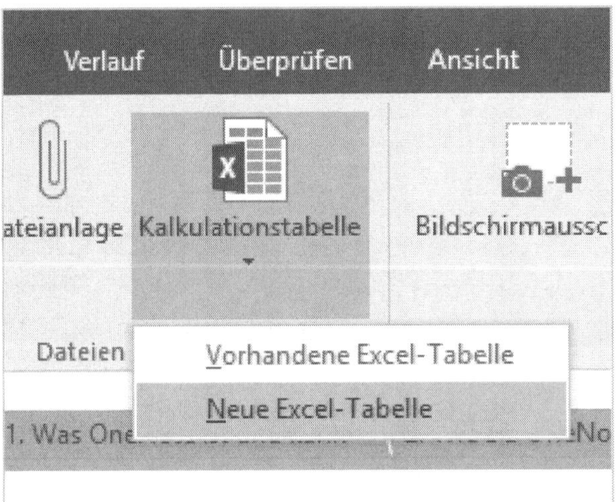

Abbildung 4.30: Neue Excel-Tabelle in OneNote einfügen

Wir probieren letzteres einfach mal aus. Wie gerade bei den PDF- und *Word*-Dateien beschrieben wird auch die neue *Excel*-Datei auf der Seite mit einem Symbol angezeigt. Darunter zeigt *OneNote* Dir direkt einen Ausschnitt der neuen Tabelle an. So hast Du die wichtigsten Infos direkt im Blick, ohne die Datei eigens dafür in *Excel* öffnen zu müssen.

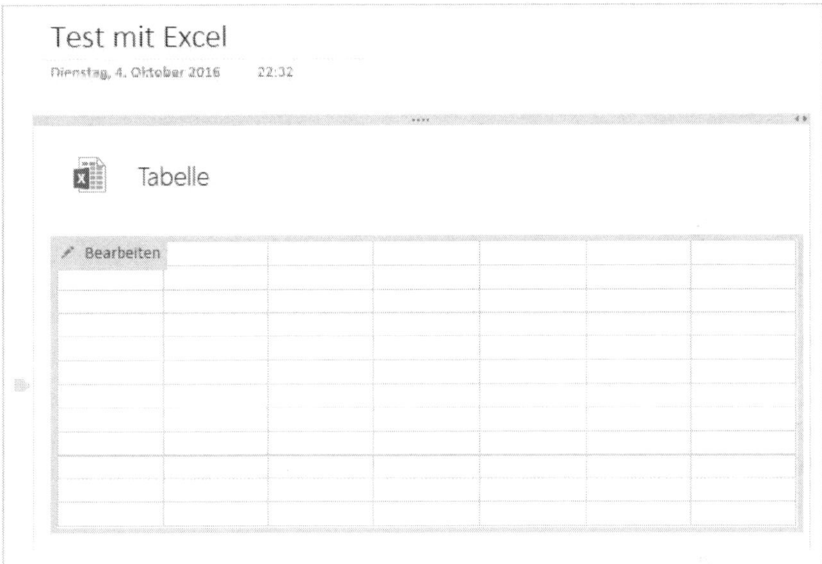

Abbildung 4.31: leere Excel-Tabelle auf einer OneNote-Seite

Den Namen dieser Datei kannst Du natürlich ändern – wie gewohnt über das Kontextmenü, das sich per rechter Maustaste öffnet. Wenn Du dann doppelt auf die Datei oder das angezeigte Feld *„Bearbeiten“* klickst, wird die Tabelle im Hauptprogramm *Excel* geöffnet. Du kannst sie darin bearbeiten und die Zellen wie üblich befüllen. Wenn Du die Datei danach speicherst, werden automatisch auch die Einträge in der Tabelle auf der *OneNote*-Seite aktualisiert.

Noten im 1. Halbjahr

Name, Vorname	schriftliche Note	mündliche Note
Althaus, Peter	2+	3-
Bertram, Sebastian	1-	2+
Deckel, Linda	3+	2-
Erdmann, Julia	2	2

Abbildung 4.32: ausgefüllte Excel-Tabelle auf einer OneNote-Seite

Dokumente als Ausdruck in *OneNote* einfügen

Wenn Du in Zukunft Dokumente in *OneNote* archivieren willst, wirst Du es vermutlich vor allem mit *Word-*, *Excel-* und PDF-Dateien zu tun haben. Mit einem klugen Trick bietet Dir *OneNote* auch die Möglichkeit, Dateien aus nahezu allen anderen Programmen sichtbar auf eine *OneNote*-Seite zu bringen.

Bei der Installation nistet sich *OneNote* unbemerkt in Form eines Druckertreibers auf Deinem Computer ein. Das heißt: Du kannst Inhalte aus jedem beliebigen Programm heraus drucken – aber statt auf Papier erstellst Du einen virtuellen Ausdruck direkt auf einer *OneNote*-Seite. Das klingt komplizierter, als es ist. Wir schauen uns wieder ein Beispiel an, diesmal aus dem Unterrichtsfach Musik.

Du erstellst zum Beispiel in einem speziellen Computer-Programm die Noten für ein Musik-Stück, das Du mit Deinen Schülern im Unterricht besprechen willst. Dieses Programm ist relativ unbekannt und deshalb von Haus aus eigentlich nicht für das Zusammenspiel mit *OneNote* vorbereitet.

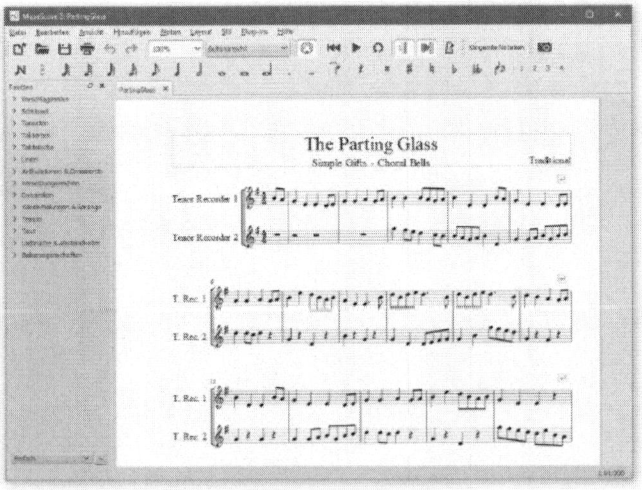

Abbildung 4.33: spezielle Software für Musik-Noten

Die fertige Partitur – so nennt man mehrstimmige Noten-Aufzeichnungen – willst Du in Deinem *OneNote*-Notizbuch sichern. Wähle in der Software die Funktion *„Drucken"* aus, so als würdest Du das Ergebnis zu Papier bringen wollen.

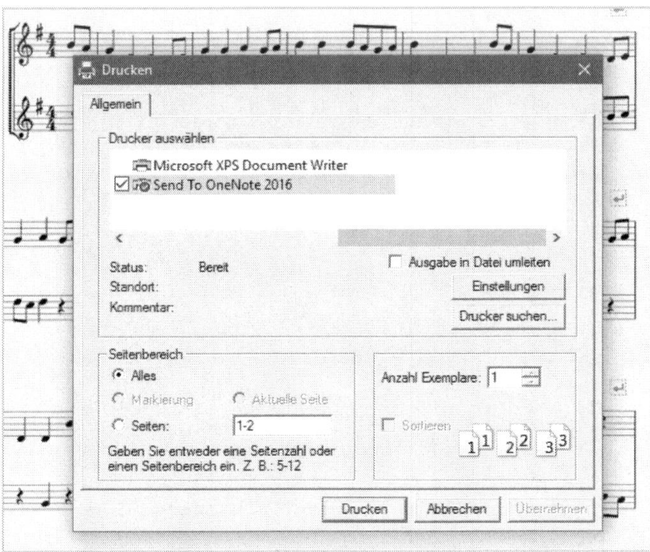

Abbildung 4.34: Dialogfenster „Drucken"

Im dem sich öffnenden Dialog-Fenster werden Dir ganz oben alle auf Deinem Computer installierten Drucker angezeigt. Wähle statt eines echten Druckers die Option *„Send To OneNote 2016"* aus. Die Bezeichnung ist Programm: Wenn Du jetzt unten auf das Feld *„Drucken"* klickst, wird das Dokument direkt an *OneNote* geschickt. Wähle dafür den gewünschten Speicherort innerhalb Deiner aktuell geöffneten Notizbücher aus:

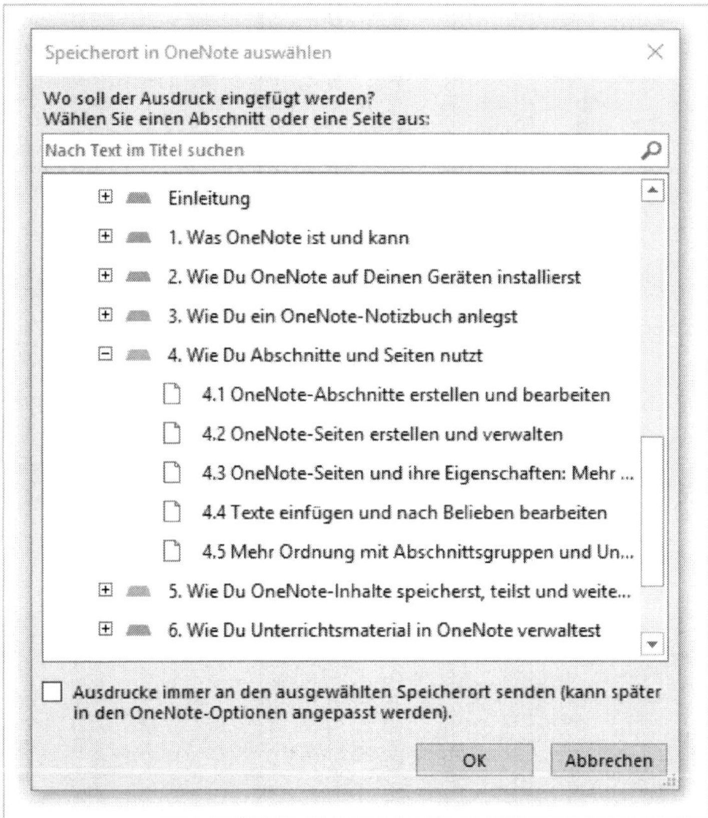

Abbildung 4.35: Speicherort in OneNote auswählen

Sobald Du die Entscheidung getroffen und auf *„OK"* geklickt hast, wird Deine Seite mit einem digitalen Ausdruck gefüllt.

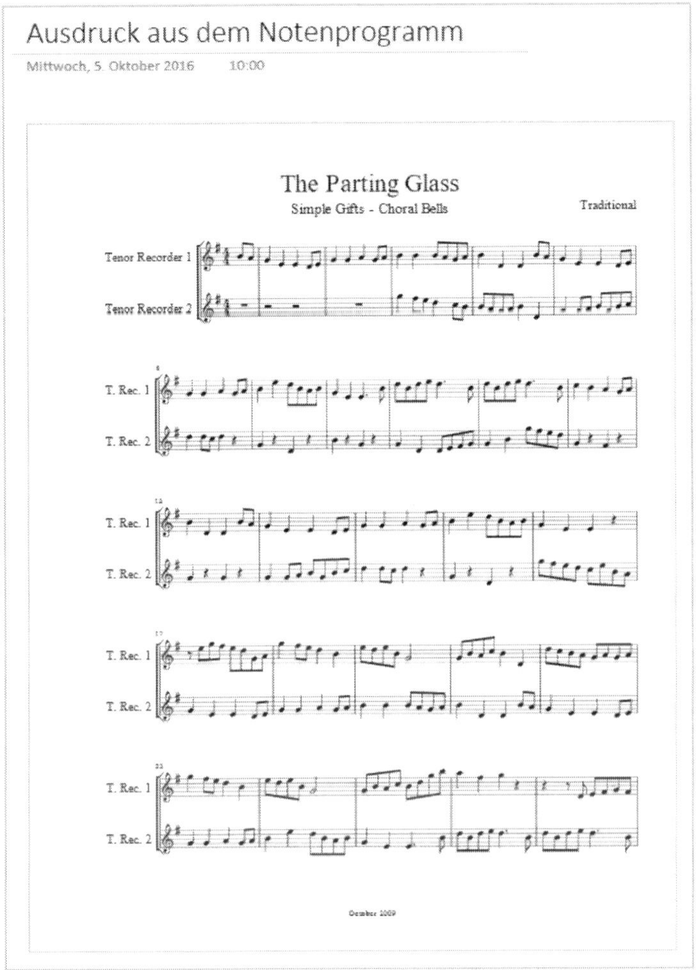

Abbildung 4.36: Digitaler Ausdruck auf einer OneNote-Seite

Das Einfügen eines solchen Ausdrucks sollte dank des *OneNote*-Druckertreibers aus jeder beliebigen Software heraus funktionieren. Du könntest zum Beispiel genauso gut ein Schaubild aus einem speziellen Mathematik-Programm oder eine künstlerische Skizze aus einem Zeichenprogramm heraus archivieren. Dass Du auf diese Weise bei der Archivierung Deiner Unterlagen eine ganze Menge Papier sparst, solltest Du spätestens nach diesem Kapitel verstanden haben.

Teil 5

Mehr Funktionen

OneNote beherrschen

5.1 *OneNote*-Notizbücher teilen und für Kollegen, Eltern und Schüler freigeben

Wenn es um die Möglichkeit geht, online zusammenzuarbeiten und sich übers Internet auszutauschen, erlebe ich gerade Lehrer oft noch sehr zurückhaltend. Vielleicht fehlt ihnen auch die Vorstellungskraft, welche Mehrwerte die Möglichkeiten der digitalen Vernetzung für den Lehreralltag bringen können.

Es müssen ja nicht gleich Videokonferenzen per *Skype* oder die Nutzung von Live-Whiteboards im Browser sein. Ein paar mögliche Szenarien mit *OneNote* sind aus meiner Sicht viel näher am typischen Lehreralltag:

- Wie wäre es, ein Notizbuch für Deine Fachschaft zu nutzen, in dem zum Beispiel Sitzungsprotokolle und sonstige Unterlagen in einem Abschnitt übersichtlich archiviert sind und jeder jederzeit darauf zugreifen kann – auch online von zu Hause aus?

- Wie wäre es, ein Notizbuch für Unterrichtsmaterial zu einem Fach, Thema oder Projekt zu haben, das alle Lehrerkollegen mit eigenen Ideen, Entwürfen und Unterlagen füllen können und bei Bedarf darauf zugreifen dürfen – auch online von zu Hause aus?

- Wie wäre es, ein Notizbuch für eine bevorstehende Klassenfahrt anzulegen, in dem alle beteiligten Kollegen – und vielleicht auch Schüler und Eltern – die gesammelten Infos zu Reise, Unterkunft, Verpflegung und Tagesprogramm abrufen können?

Das Freigeben von Notizbüchern ist ganz einfach und klappt – wie Du es von *OneNote* schon kennst – mit wenigen Mausklicks. Das Beste ist: Du kannst Deine Notizbücher für Kollegen freigeben, die *OneNote* (noch) nicht nutzen und das Programm selbst nicht auf dem Computer installiert haben. Sie können auch per Internet-Browser, also z.B. mit *Firefox*, *Chrome*, *Safari*, *Edge* oder dem *Internet Explorer* darauf zugreifen.

Anleitung zum Teilen und Freigeben

Klicke links oben in der Funktionsleiste auf *„Datei"* und dann auf *„Freigeben"*. Dort findest Du die wichtigsten Optionen zum Teilen Deines Notizbuchs. Als Vorauswahl ist dort der Eintrag *„Personen einladen"* markiert.

Abbildung 5.1: OneNote-Notizbuch freigeben

Gib im dazugehörigen Feld die E-Mail-Adresse der Person ein, die ab sofort auf Dein *OneNote*-Notizbuch zugreifen können soll. Im Feld rechts daneben kannst Du außerdem entscheiden, ob die Person Dein Notizbuch auch bearbeiten darf, also zum Beispiel Texte korrigieren oder eigene Seiten hinzufügen können soll. Wenn Du stattdessen *„Kann anzeigen"* auswählst, darf die andere Person zwar alle Inhalte in dem Notizbuch sehen, aber nichts verändern. Das könnte eine sinnvolle Auswahl sein, wenn Du Deinen Schülern auf diesem Weg Unterrichtsmaterial zur Verfügung stellen möchtest.

Die Person wird im nächsten Schritt per E-Mail über das freigegebene Notizbuch informiert. Für diese Mail kannst Du in dem nächsten Feld eine persönliche Nachricht eintragen, damit die Person Deine Nachricht und das Notizbuch auch inhaltlich zuordnen kann.

Soll sich die Person mit einem *Microsoft*-Konto online anmelden müssen, um auf das *OneNote*-Notizbuch zugreifen zu können? Das entsprechende Häkchen sorgt für ein Quäntchen mehr Sicherheit. Wenn Du auf *„Freigeben"* klickst, erhält die Person nun eine E-Mail mit dem entsprechenden Link zu Deinem Notizbuch.

Es gibt einen zweiten ganz einfachen Weg, um Dein Notizbuch weiterzugeben – vor allem, wenn Du eine große Gruppe von Personen gleichzeitig erreichen möchtest. Mit der Auswahl *„Freigabelink abrufen"* kannst Du einen Internet-Link zu Deinem Notizbuch erstellen, den Du dann selbst gezielt streuen kannst, zum Beispiel über einen eigenen E-Mail-Verteiler, in den Sozialen Netzwerken oder auf einer internen Website.

Abbildung 5.2: Notizbuch per Freigabelink teilen

Wähle auch hier sorgfältig aus, ob andere Personen Dein Notizbuch nur ansehen oder auch bearbeiten dürfen. Über den entsprechenden Button rechts neben der Auswahl kannst Du in wenigen Sekunden einen Link zum Teilen erstellen und diesen dann für Deine Zwecke kopieren.

Der Gegenpart: Freigegebene Notizbücher öffnen

Wenn Dir jemand Zugriff auf sein Notizbuch gestattet gibt es mehrere Möglichkeiten, dieses zu öffnen. Klicke auf den Freigabelink in der E-Mail, die Du automatisch gesendet bekommen hast. Der Link öffnet in der Regel Deinen Internet-Browser und führt zur Online-Version von *OneNote*.

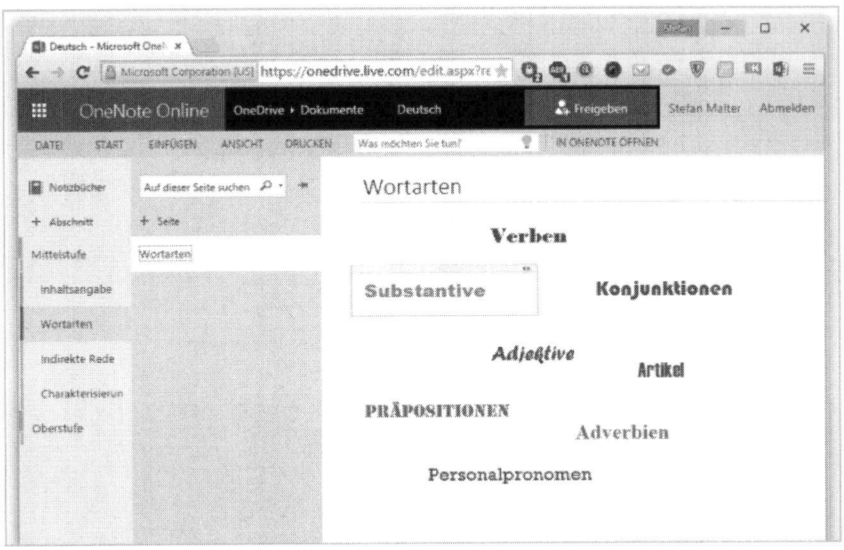

Abbildung 5.3: OneNote-Notizbuch im Internet-Browser

Auch hier kannst Du alle Seiten in Deinem Notizbuch aufrufen, ansehen und – falls Du die Erlaubnis dafür bekommen hast – auch bearbeiten. So können Deine Kollegen, Eltern und Schüler die Notizbuch-Inhalte abrufen - selbst wenn sie *OneNote* bislang nicht als Vollprogramm auf ihrem Computer installiert haben.

Übrigens: Per Klick auf die Funktion *„In OneNote öffnen"* kannst Du das Notizbuch einfach in Deiner installierten Desktop-Software öffnen. So kannst Du es bei Bedarf noch bequemer als im Browser bearbeiten. Das funktioniert aber nur, wenn Du für das Bearbeiten des Notizbuchs freigeschaltet bist.

Wenn jemand Dir ein Notizbuch freigibt und dafür die E-Mail-Adresse Deines *Microsoft*-Kontos angegeben hat, kannst Du das Notizbuch direkt im Desktop-Programm öffnen – ohne den gerade beschriebenen Umweg über das Browser-Fenster. Klicke dazu in der Funktionsleiste auf *„Datei"* und dann auf *„Öffnen"*. Alle Notizbücher, auf die Du per Cloud mit Deinem Konto zugreifen kannst – also Deine eigenen und die mit Dir geteilten Notizbücher – sind dort aufgelistet. Du kannst sie nun nach Belieben öffnen.

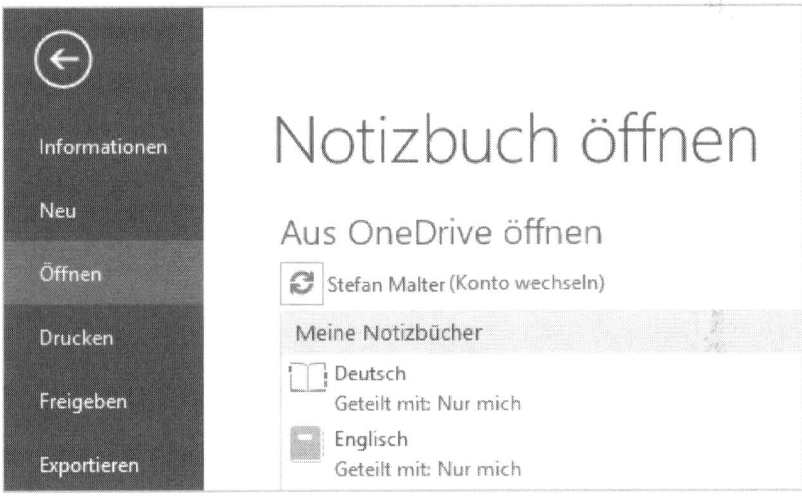

Abbildung 5.4: geteiltes Notizbuch in OneNote öffnen

Zum Schluss noch der Hinweis auf eine Funktion, die die Zusammenarbeit in *OneNote* einfacher macht. Wenn verschiedene Personen gleichzeitig in einem Notizbuch arbeiten und auf den Seiten Veränderungen vornehmen, kann es schnell unübersichtlich werden: Von welchem Kollegen stammt welcher Textblock? Wer hat welche Änderungen vorgenommen?

Für einen besseren Überblick bietet *OneNote* deshalb die hilfreiche Autoren-Funktion, die standardmäßig eingeschaltet ist. Am Rand der Textblöcke zeigt *OneNote* die Initialen oder die Namen der jeweiligen Verfasser an:

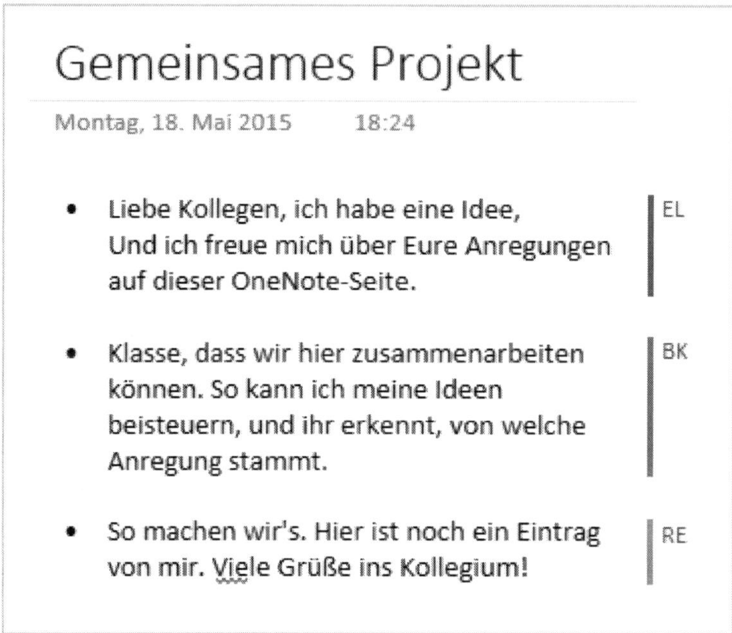

Abbildung 5.5: Autoren-Kennzeichnung in OneNote

Jetzt steht der Zusammenarbeit mit Deinen Lehrerkollegen nichts mehr im Weg: Du weißt nun, wie Du Deine *OneNote*-Notizbücher für andere Personen freigibst und wie Du freigegebene Notizbücher öffnest. Ich bin nun sehr gespannt, welche Erfahrungen Du mit gemeinsamen Notizbüchern machst, und ich hoffe, dass *OneNote* auch mit diesen Funktionen Deinen Alltag als Lehrer vereinfacht.

5.2 Kennwortschutz für Abschnitte in *OneNote*

Ich habe Dir im vorherigen Kapitel gezeigt, wie Du Deine *OneNote*-Notizbücher für Kollegen, Schüler oder Eltern freigibst. Du kannst dabei selbst festlegen, ob andere Personen die Inhalte nur ansehen können oder frei bearbeiten dürfen.

Manchmal möchtest Du vielleicht mehreren Personen gleichzeitig den Zugriff auf ein *OneNote*-Notizbuch erlauben, aber nicht alle Inhalte mit allen teilen. In diesem Fall kann es sinnvoll sein, einzelne Abschnitte mit einem Kennwort zu versehen, das nur Du oder ein ausgewählter Personenkreis kennen.

Beispiel:

Du bereitest eine Klassenfahrt vor und hast dafür ein *OneNote*-Notizbuch mit allen wichtigen Informationen angelegt: Infos zu Anreise und Unterkunft, zum Wochenprogramm, zu Wegbeschreibungen, etc. Dieses Notizbuch hast Du für Schüler, Eltern und mitreisende Kollegen zur Ansicht freigegeben, damit diese sich entsprechend auf die Klassenfahrt vorbereiten können.

Abbildung 5.6: Notizbuch-Beispiel für eine Klassenfahrt

Für Rechnungen und vertrauliche Dokumente möchtest Du nun kein zusätzliches Notizbuch anlegen. Schließlich willst Du alle Unterlagen rund um die Klassenfahrt an einem Ort zur Verfügung haben. Gleichzeitig sollen Schüler bestimmte offizielle Dokumente in dem geteilten Notizbuch nicht einsehen können.

Die Lösung: Kennwörter für einzelne Abschnitte

Es bietet sich für diesen Fall also an, alle Rechnungen und dergleichen auf Seiten in einem separaten *OneNote*-Abschnitt unterzubringen und diesen zur Sicherheit mit einem Kennwort zu versehen. In diesem Beispiel habe ich den Abschnitt *„Rechnungen“* zusätzlich angelegt.

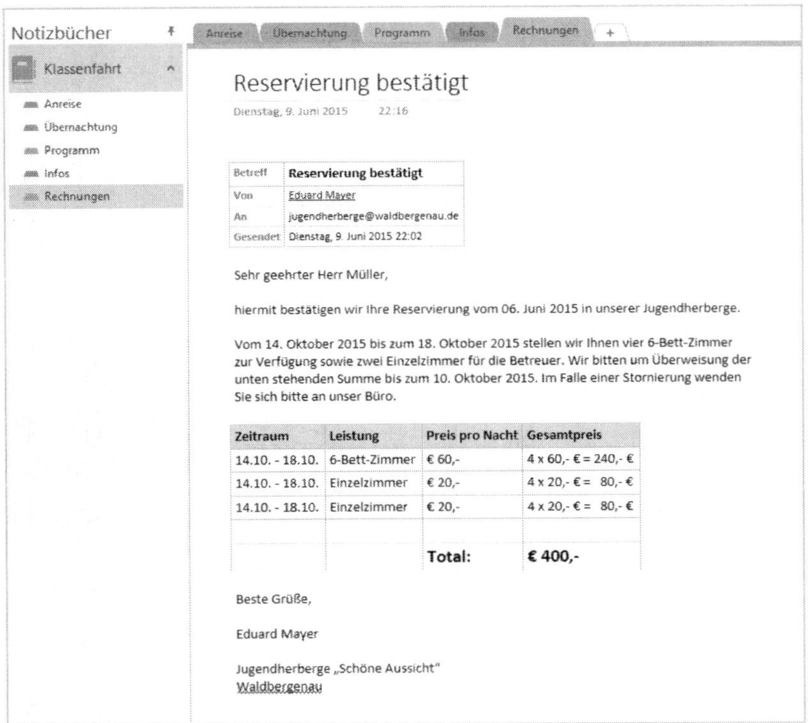

Abbildung 5.7: Beispiel-Abschnitt für eine vertrauliche Rechnung

Klicke nun mit der rechten Maustaste auf den betreffenden Abschnitt und wähle im Kontextmenü die Funktion *„Diesen Abschnitt durch ein Kennwort schützen..."* aus. Nun öffnet sich ganz rechts eine Spalte mit dem Titel *„Kennwortschutz"*.

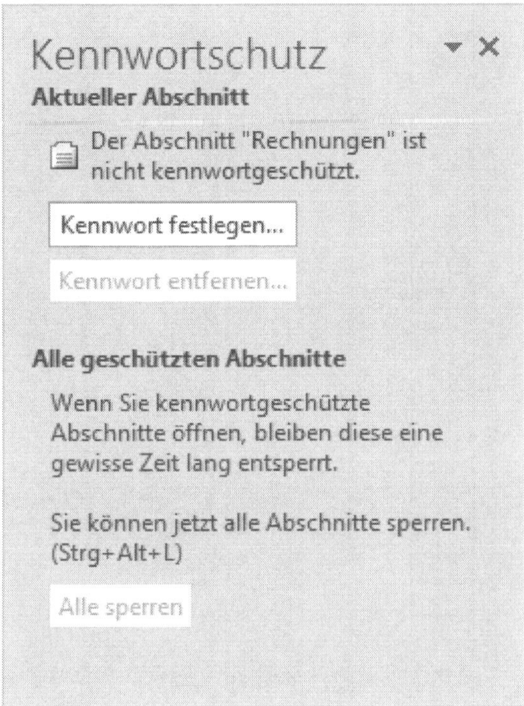

Abbildung 5.8: Kennwortschutz

Aktuell ist der Abschnitt noch nicht kennwortgeschützt. Mit einem Klick auf *„Kennwort festlegen..."* öffnet sich ein neues Fenster. Wähle Dein Kennwort für diesen Abschnitt nun sorgfältig aus. Damit Dir versehentliche Tippfehler nicht zum Verhängnis werden, muss Du das ausgewählte Kennwort vorsichtshalber gleich zweimal eingeben.

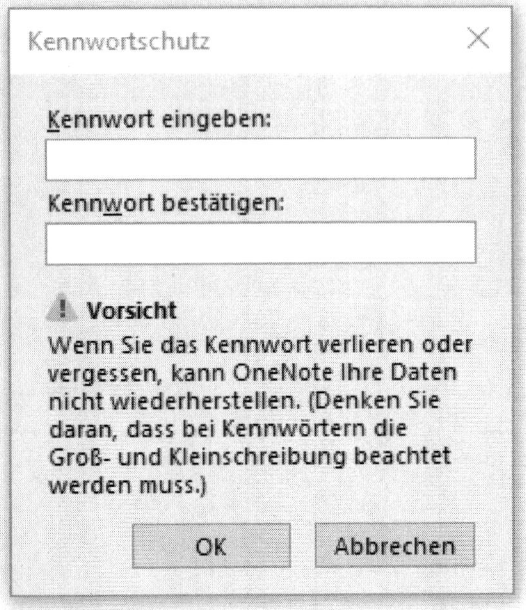

Abbildung 5.9: Kennwort vergeben

Ein gutes und sicheres Passwort besteht übrigens nicht nur aus einzelnen Buchstaben, sondern aus einer Mischung mit Zahlen und/oder Sonderzeichen. Bei Deiner Eingabe spielen auch Groß- und Kleinschreibung eine Rolle. So kannst Du Dein Kennwort noch komplizierter und damit sicherer machen. Natürlich solltest Du es so aber so auswählen, dass Du es Dir noch merken kannst.

Mit einem Klick auf „OK“ wird nun der Kennwortschutz für den ausgewählten Abschnitt aktiviert. Ab sofort können nur noch Personen auf die Seiten in diesem Notizbuch-Abschnitt zugreifen, wenn sie das Kennwort kennen und bei Bedarf auch eingeben können.

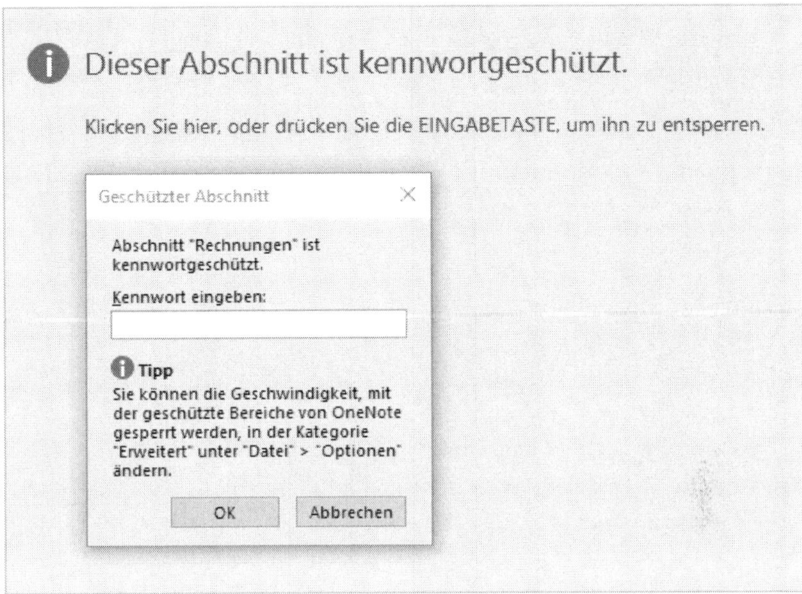

Abbildung 5.10: Eingabeaufforderung zum Kennwortschutz

So einfach kannst Du einzelne Abschnitte mit einem ausgewählten Kennwort versehen. Die folgenden Dinge solltest Du über den Kennwortschutz in *OneNote* auf jeden Fall auch noch wissen:

- Kennwörter kannst Du bislang nur für Abschnitte vergeben, nicht für Abschnittsgruppen, ganze Notizbücher oder einzelne Seiten.
- Du kannst mehrere Abschnitte in einem Notizbuch mit separaten Kennwörtern absichern. So kannst Du zum Beispiel einen weiteren Abschnitt für Lehrerkollegen absichern und ihnen das dazugehörige Kennwort mitteilen. Schüler haben dann auf diesen Abschnitt auch keinen Zugriff.
- Wenn Du einen Abschnitt mit Kennwortschutz öffnest und dann weiter in *OneNote* arbeitest, bleibt der Abschnitt für eine Weile entsperrt – zumindest laut der Standard-Einstellungen. Wenn Du zwischen verschiedenen Abschnitten hin- und herspringst, musst Du das Kennwort also nicht ständig neu eingeben.

- Wie sich Abschnitte mit Kennwortschutz verhalten, kannst Du in den Einstellungen von OneNote ändern. Klicke dazu oben in der Menüleiste auf *„Datei"*, dann auf *„Optionen"* und schließlich auf *„Erweitert"*. Dort sind alle Möglichkeiten rund um Kennwörter aufgeführt:

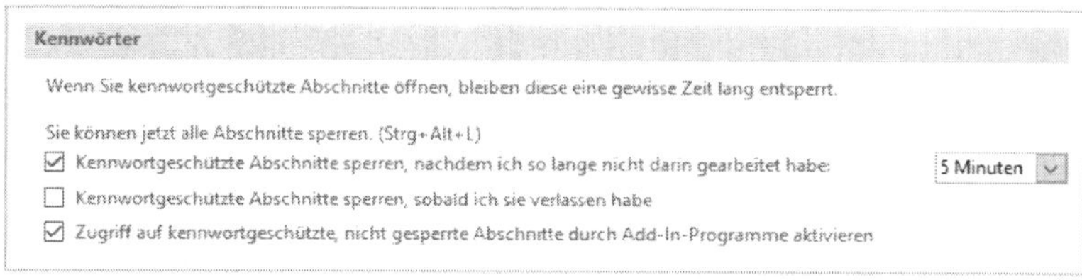

- Du kannst den Kennwortschutz eines Abschnitts auch wieder dauerhaft entfernen. Das entsprechende Auswahlfeld findest Du rechts in der Spalte – sobald der Abschnitt entsperrt ist.

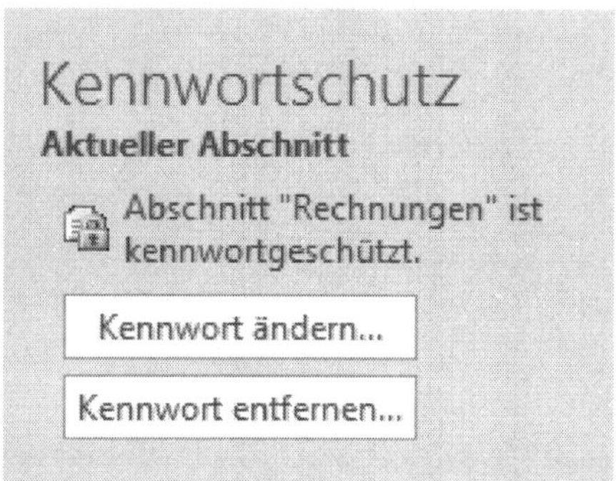

- Der Kennwortschutz gilt nicht nur in der Desktop-Version von *OneNote*, sondern auch für die Online-Oberfläche sowie die *Windows-Store*-App. **Wichtig**: Die Smartphone-App für *Windows Phones* unterstützt aktuell noch keine Kennwörter. Du kannst geschützte Abschnitte also leider gar nicht in der App öffnen!

- Der allerwichtigste Hinweis zum Schluss: Du solltest Dir Dein Kennwort gut merken! Wenn Du es vergisst, kannst Du definitiv nicht mehr auf die Daten in dem Abschnitt zugreifen.

5.3 *OneNote*-Inhalte exportieren und außerhalb von *OneNote* nutzen

Deine ersten eigenen *OneNote*-Notizbücher füllen sich hoffentlich schon mit zahlreichen Abschnitten, Seiten und Inhalten. In diesem Kapitel möchte ich Dir einige Möglichkeiten aufzeigen, wie Du Deine Notizbuch-Inhalte auch außerhalb von *OneNote* nutzen und weiterverarbeiten kannst. Was nützen Dir die besten Arbeitsblätter und die sorgfältigsten Vorbereitungen, wenn sie ausschließlich in Deinem digitalen Notizbuch schlummern?

OneNote-Seiten per E-Mail versenden

Wie Du einzelne E-Mails im Zusammenspiel mit dem *Office*-Programm *Outlook* in ein *OneNote*-Notizbuch einfügst, habe ich Dir bereits in einem der vorherigen Kapitel erklärt. Jetzt geht's also um die andere Richtung: Eine Seite aus *OneNote* heraus per E-Mail versenden.

Beispiele:

Du hast in *OneNote* vielleicht eine Tagesordnung für eine anstehende Konferenz verfasst, eine Liste mit Fachbüchern erstellt oder einen wichtigen Eltern-Brief zur anstehenden Klassenfahrt geschrieben.

Die Infos auf der erstellten *OneNote*-Seite möchtest Du nun per E-Mail an einen oder mehrere Adressaten versenden. Du willst den Text aber nicht umständlich hin und her kopieren. Wir spielen so ein Beispiel am besten einfach mal durch.

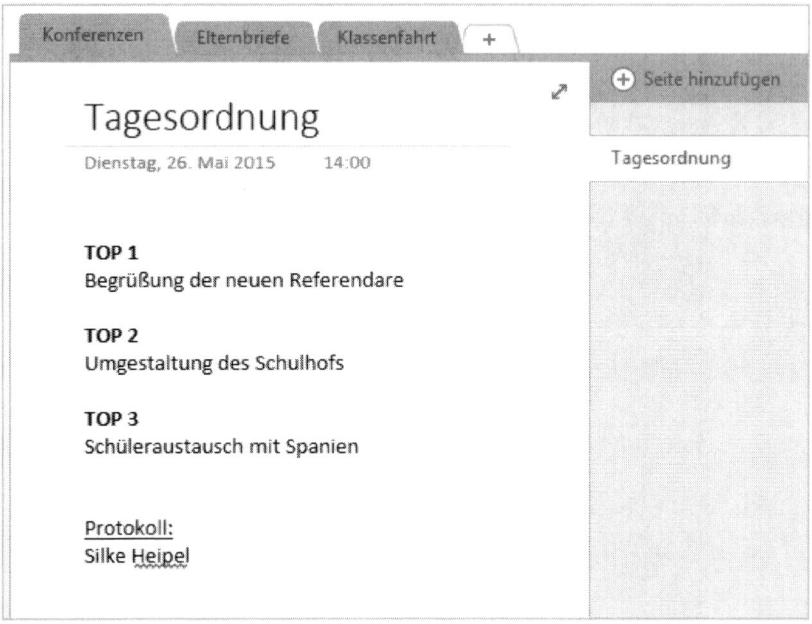

Abbildung 5.11: Beispiel-Seite in OneNote

Du hast also in *OneNote* eine Tagesordnung erstellt. Diese Seite möchtest Du nun per E-Mail an alle beteiligten Kollegen schicken. In der Funktionsleiste oben findest Du unter *„Start“* den Button *„Seite per E-Mail senden“*.

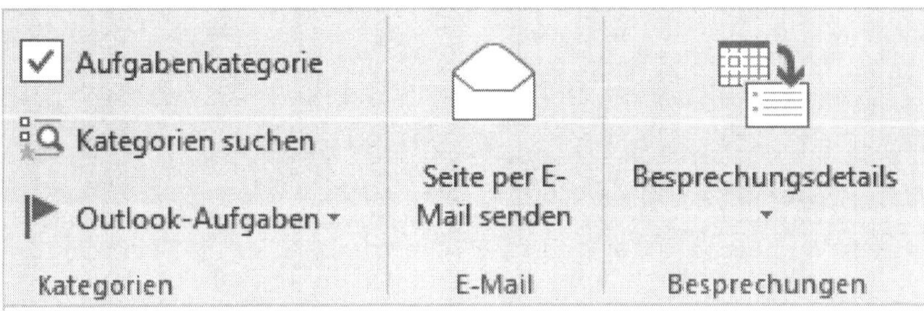

Abbildung 5.12: E-Mail-Funktion in der OneNote-Funktionsleiste

Einfacher geht's nicht! Nach einem Mausklick auf das Symbol erstellt *OneNote* automatisch eine vorgefertigte E-Mail mit dem ausgewählten Seiteninhalt für Dich – in dieser Abbildung für das weit verbreitete E-Mail-Programm *Outlook*, das ja auch zu *Microsoft Office* gehört. Das Layout der *OneNote*-Seite behält die E-Mail nach Möglichkeit bei.

Abbildung 5.13: OneNote-Seite als E-Mail

Jetzt musst Du nur noch wie gewohnt die E-Mail-Adressen der gewünschten Empfänger eintragen und auf *„Senden"* klicken. Fertig!

Achtung, Falle!
Diese E-Mail wird nun zwar direkt in den Postausgang von *Outlook* geschoben. Tatsächlich versendet wird die Nachricht aber nur und erst dann, wenn das Mail-Programm auch geöffnet ist. Am besten lässt Du *Outlook* die ganze Zeit über im Hintergrund geöffnet, damit beim Versand nichts schiefläuft.

OneNote-Inhalte in andere Dateiformate exportieren (PDF, WORD, etc.)

Die wohl bekanntesten Dateiformate für Texte und Dokumente müssten Dir längst ein Begriff sein. Zur Erinnerung:

- Wer mit *Microsoft Word* arbeitet, erstellt meistens Textdateien mit der Endung *.doc* bzw. *.docx*. Diese Dateien lassen sich leicht verändern und bearbeiten. Auch das frei entwickelte *OpenOffice*-Format mit der Datei-Endung *.odt* ist mittlerweile unter Computer-Nutzern weit verbreitet.

- Dokumente, E-Books und sonstige Schriftstücke, die ein festes Layout haben sollen, werden oft als *PDF*-Dateien ausgetauscht. Man kann sie gut lesen und ausdrucken, ohne dass sich Texte verschieben oder dass sich die Darstellung an unterschiedlichen Geräten ändert. Dafür kann man die Dateien nicht ohne einige Umstände oder ohne die passende Software bearbeiten.

OneNote ist das perfekte Programm, um Deine Notizen, Texte und Dokumente zu organisieren und zu verwalten. Es kann aber immer Gründe geben, warum Du Deine Inhalte in einem der anderen Dateiformate benötigst.

Du kannst einzelne *OneNote*-Seiten oder ganze Abschnitte in *Word*– oder *PDF*-Dateien umwandeln – wie immer mit wenigen Mausklicks. Klicke dazu in der Funktionsleiste oben erst auf *„Datei“* und dann auf *„Exportieren“*.

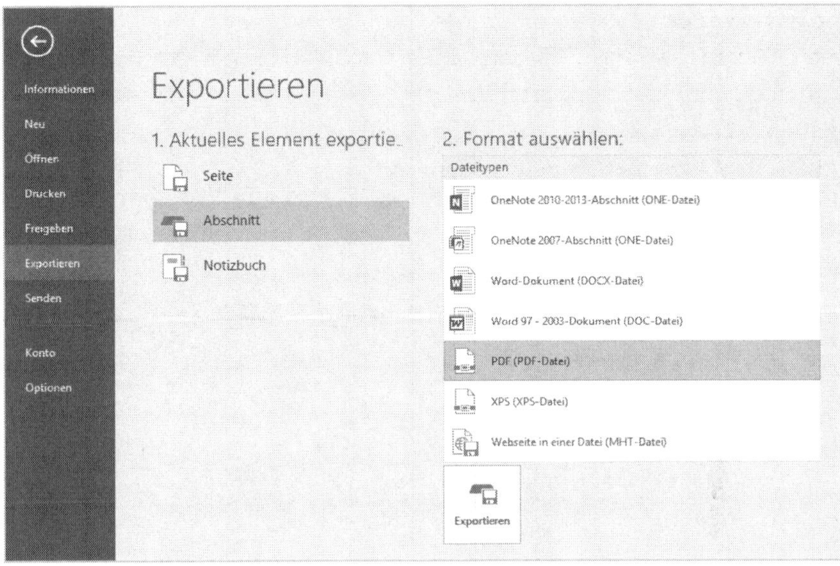

Abbildung 5.14: Exportieren in andere Datei-Formate

In diesem Fenster kannst Du zuerst auswählen, ob Du nur die aktuelle Seite, den gesamten Abschnitt oder das komplette *OneNote*-Notizbuch exportieren willst. Entscheide Dich außerdem noch für das gewünschte Dateiformat. Wenn Du nun auf *„Exportieren“* klickst, musst Du nur noch den Speicherort festlegen. Dort wird die neue Datei erstellt.

Fertig! Du kannst die exportierten Dateien nun direkt in anderen Programmen öffnen, verwenden und bearbeiten.

OneNote-Inhalte drucken

Unter anderem nutzen wir *OneNote*, um möglichst papierlos zu arbeiten. Manchmal benötigst Du vielleicht doch ausgedruckte Arbeitsblätter, Sitzpläne oder sonstige Unterlagen. Natürlich kannst Du *OneNote*-Seiten auch mit einem Drucker zu Papier bringen – so wie es in anderen Programmen funktioniert.

Für einen schnellen Ausdruck einzelner oder mehrerer Seiten wählst Du in der Funktionsleiste erst *„Datei"* und dann *„Drucken"* aus. Die weiteren Einstellungen hängen nun auch von Deinem speziellen Drucker ab. Sie sind Dir deshalb vermutlich schon vertraut.

Wenn Du im Menü *„Drucken"* erst auf *„Seitenansicht"* klickst, kannst Du vor dem Druck noch ein paar weitere Einstellungen vornehmen – von der Papiergröße über die Ausrichtung bis hin zu einer informativen Fußzeile.

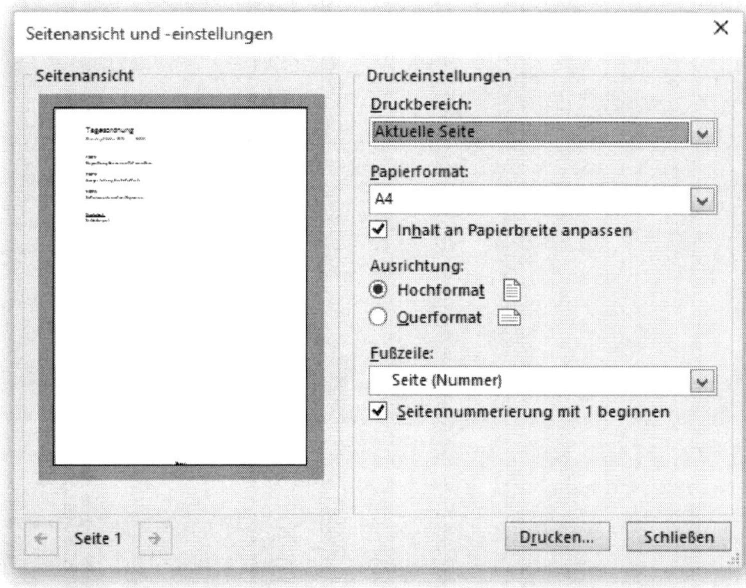

Abbildung 5.15: Seitenansicht in den Drucker-Einstellungen

Ich habe Dir versprochen, dass Du mit Hilfe von *OneNote* alle Unterlagen und Dokumente digital an nur einem einzigen zentralen Ort aufbewahren kannst. In diesem Kapitel hast Du verschiedene Export-Möglichkeiten kennengelernt, mit denen Du Deine Inhalte auch außerhalb von *OneNote* nutzen, weitergeben und bearbeiten kannst.

5.4 Abschnittsgruppen und Unterseiten: Mehr Ordnung und Überblick

Mit Notizbüchern, Abschnitten und Seiten in *OneNote* solltest Du mittlerweile vertraut sein. Diese drei verschiedenen Elemente bestimmen die grundsätzliche Ordnung und Logik in *OneNote*. Sie geben Dir die Möglichkeit, Deine Inhalte in digitaler Form, übersichtlich und nachvollziehbar zu sortieren, so wie es sich bei klassischen Ordnungsmappen bewährt hat.

Je voller und komplexer Deine *OneNote*-Notizbücher aber werden, desto größer wird Dein Bedürfnis nach noch mehr Ordnung. Die drei Standard-Ebenen reichen Dir vielleicht nicht mehr aus, um den Überblick zu behalten. Mit der Zeit würdest Du deshalb gerne mehr Hierarchien in Deiner Notizbuch-Struktur abbilden.

Diesen Zweck können die folgenden Möglichkeiten erfüllen, die ich Dir in diesem Kapitel vorstellen möchte.

Abschnittsgruppen

Wenn die Liste der erstellten Abschnitte in Deinem Notizbuch mit der Zeit immer länger und damit unübersichtlicher wird, sind Abschnittsgruppen ein hilfreiches Instrument. In Abschnittsgruppen kannst Du Deine bisherigen Abschnitte mit ähnlichen Inhalten gezielt gruppieren und zusammenfassen – ganz nach Deinen persönlichen Bedürfnissen. In der folgenden Abbildung findest Du ein Beispiel-Notizbuch mit einer erweiterten Struktur aus dem Fach Deutsch.

Abbildung 5.16: Abschnittsgruppen im OneNote-Notizbuch

So wie Du Abschnitte erstellen kannst, kannst Du auch Abschnittsgruppen ganz einfach anlegen und benennen. Klicke dazu mit der rechten Maustaste auf eine freie Stelle in Deinem Notizbuch. Unter dem Eintrag *„Neuer Abschnitt"* findest Du auch die Funktion *„Neue Abschnittsgruppe"*.

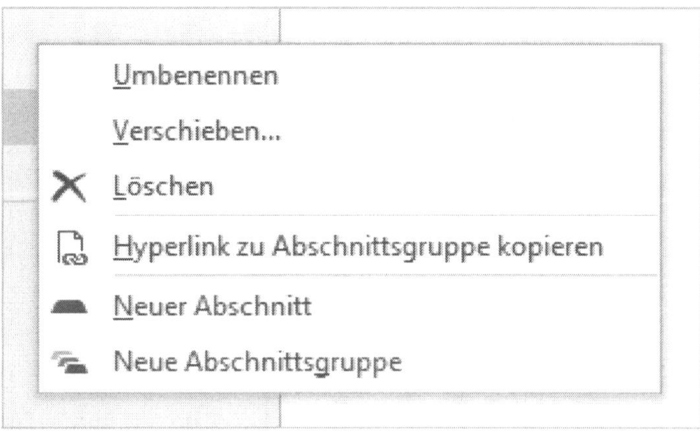

Abbildung 5.17: Kontextmenü für Abschnitte

Der neue Knotenpunkt wird direkt unter den bereits bestehenden Abschnitten erstellt. Benenne die Abschnittsgruppe genauso um, wie Du auch Abschnitte und Seiten umbenennst (rechte Maustaste, *„Umbenennen"*). Danach kannst Du alle einzelnen Abschnitte, die Du in Deiner neu angelegten Abschnittsgruppe unterbringen willst, einfach nacheinander mit der Maus hineinziehen.

Schau Dir das folgende Notizbuch-Beispiel für das Fach Erdkunde an. Je nachdem, wie es zu Deinem Unterrichtsfach oder dem jeweiligen Notizbuch-Zweck passt, kannst Du Deine Abschnitte also in Gruppen zusammenfassen.

Abbildung 5.18: Beispiel-Notizbuch für das Fach Erdkunde

Wie Du in der folgenden Abbildung siehst, kannst Du Deine Abschnittsgruppen auch nach Belieben ein- und ausklappen. So bekommst Du während der Arbeit einen noch besseren Überblick über alle Inhalte im *OneNote*-Notizbuch. Klicke dazu einfach auf das kleine Plus- bzw. Minus-Symbol neben der Bezeichnung der entsprechenden Abschnittsgruppe.

Abbildung 5.19: Notizbuch mit eingeklappten Abschnittsgruppen

Du solltest zuletzt noch wissen, dass Abschnittsgruppen in der aktuellen Version von *OneNote* immer alphabetisch aufgelistet werden. Plane also gut, für welche Anordnung Du Dich langfristig entscheiden möchtest.

Unterseiten

Auch die Auflistung der von Dir erstellten Seiten in der rechten Spalte kann mit der Zeit unübersichtlich lang werden und dann eine weitere Hierarchie-Ebene vertragen. Manchmal können Unterseiten in *OneNote* sinnvoller sein als zusätzliche Abschnitte oder Abschnittsgruppen. Der Vorteil: Anders als ein Abschnitt kannst Du auf einer übergeordneten Seite auch Inhalte hinterlegen.

Wie wird eine Seite nun zur Unterseite? Der einfachste Weg: Du kannst einzelne Seiten in Deiner Liste einfach händisch „einrücken". Ziehe dazu eine Seite mit gedrückter linker Maustaste ein Stück nach rechts. Die Seite ordnet sich dann der darüber liegenden Seite unter.

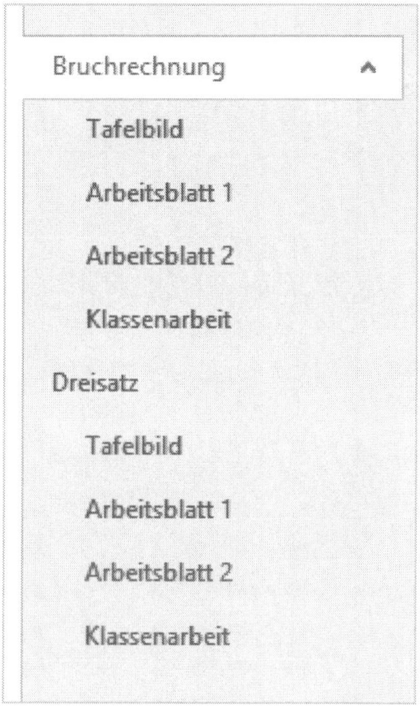

Abbildung 5.20: Unterseite durch Einrücken bestimmen

Bei zu vielen Seiten untereinander kann auch diese Liste irgendwann unübersichtlich werden. Wie bei den gerade erst vorgestellten Abschnittsgruppen kannst Du auch hier die Verzweigung der Unterseiten einklappen. Klicke dazu auf den kleinen Pfeil, der rechts neben dem Titel erscheint, wenn zu einer Seite eine oder mehrere Unterseiten gehören.

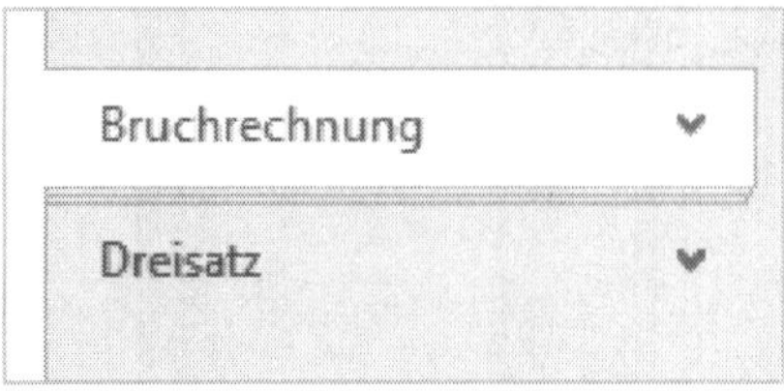

Abbildung 5.21: Unterseiten einklappen

Neue Notizbücher

Zum Schluss möchte ich Dir an dieser Stelle noch einen persönlichen Erfahrungswert weitergeben: Gerade als *OneNote*-Neuling versucht man oft, unendlich viele Inhalte in nur einem einzigen Notizbuch unterzubringen. In der Folge wird die Struktur Deines Notizbuchs zwangsläufig immer unübersichtlicher – trotz sorgfältig angelegter Abschnittsgruppen, Abschnitten, Seiten und Unterseiten.

Überlege Dir, ob es sich manchmal nicht vielleicht lohnt, für bestimmte Themenkomplexe separate neue Notizbücher anzulegen. Du musst in *OneNote* auch nicht immer alle Notizbücher geöffnet lassen. Du kannst sie in dem Programm bzw. in der App gezielt schließen, wenn Du sie aktuell nicht brauchst. In Deiner Cloud bleiben alle Notizbücher sicher gespeichert. Bei Bedarf kannst Du sie im Programm jederzeit wieder öffnen, neu synchronisieren und dann nutzen.

Wenn Du ein *OneNote*-Notizbuch gar nicht mehr benötigst, kannst Du sämtliche Inhalte auch als Sicherung in ein anderes Dateiformat exportieren und dann das komplette *OneNote*-Notizbuch dauerhaft löschen. Letzteres erkläre ich Dir der Vollständigkeit halber im folgenden Kapitel.

5.5 *OneNote*-Notizbücher löschen

Als digitales Ordnungssystem ist *OneNote* meiner Meinung nach unschlagbar! Wenn Du Deine Notizbücher, Abschnitte und Seiten sinnvoll einrichtest und pflegst, hast Du immer den vollen Überblick über Dein komplettes Unterrichtsmaterial. Außerdem kannst Du viel Papier und Platz für dicke Ordner sparen, wenn Du Deine Arbeitsblätter und Notizen konsequent digital verwaltest.

Doch gerade weil die digitalen Daten nur in virtueller Form Platz einnehmen, verführt *OneNote* viele Nutzer dazu, mit der Zeit mehr Notizbücher anzulegen als dauerhaft nötig. Irgendwann verwaisen Dateien, die Du einmal versuchsweise angelegt hast. Bei veralteten und ungepflegten Inhalten wird es höchste Zeit, auf dem PC, auf der externen Festplatte oder in der Cloud auszumisten.

Zu Beginn dieses Buchs habe ich Dir mehrere Möglichkeiten vorgestellt, wo und wie Du neue *OneNote*-Notizbücher anlegen und einrichten kannst. Leider kann man Notizbücher aber nicht so einfach wieder entfernen und komplett löschen. Das macht *Microsoft* komplizierter als nötig. Zu diesem Problem hat mich kürzlich auch eine E-Mail erreicht. Ein Leser meines *OneNote*-Blogs beschreibt die Situation wie folgt:

„Vielen Dank für Ihre sehr informativen Beiträge zu OneNote. Sie haben mich überzeugt, ebenfalls OneNote für meinen Unterricht einzusetzen. Jetzt habe ich aber ein Problem: Ich habe OneNote installiert und viiiiele Notebooks eingerichtet – nur so zur Probe. Jetzt werde ich sie nicht mehr so einfach los. […] Kann man nicht einfach ein „neues" leeres OneNote einrichten? Es wäre sehr nett, wenn Sie mir einen Tipp geben könnten."

Natürlich möchte ich nach Möglichkeit gerne weiterhelfen. Ich erkläre in diesem Kapitel, wie man *OneNote*-Notizbücher ausmistet, wie man sie endgültig löschen kann – und was man dabei beachten sollte.

OneNote-Notizbücher schließen

Ich fange mal hinten an: Der Leser fragt in seiner E-Mail, ob man nicht einfach ein „neues" leeres *OneNote* einrichten kann. Der Wunsch ist nachvollziehbar: Mit der Zeit besteht die Gefahr, dass die Liste der gleichzeitig geöffneten Notizbücher immer länger wird.

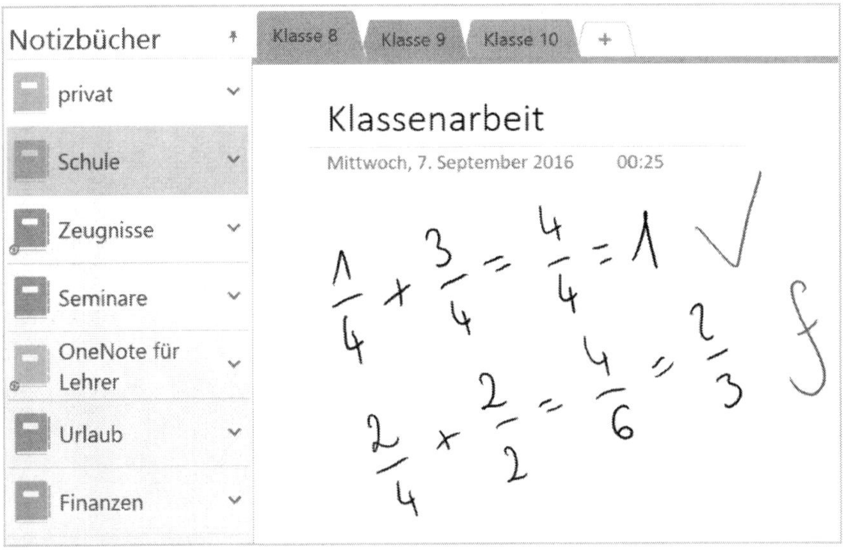

Abbildung 5.22: geöffnete Notizbücher in OneNote

Für einen besseren Überblick kannst Du einzelne Notizbücher einfach schließen und so aus der Liste in der linken Spalte entfernen. Klicke dazu mit der rechten Maustaste auf ein beliebiges Notizbuch und wähle dann die Option *„Notizbuch schließen"* aus.

Wichtiger Hinweis: Notizbücher werden auf diese Weise nicht gelöscht! Sie sind weiterhin auf der Festplatte oder in der Cloud-Lösung *OneDrive* verfügbar. Du kannst einmal geschlossene Notizbücher jederzeit wieder in *OneNote* öffnen, die Inhalte synchronisieren und diese dann bearbeiten.

Auch in den *OneNote*-Apps kannst Du einzelne Notizbücher schließen – oder die *OneNote*-App einfach komplett zurücksetzen. Gehe zum Beispiel in der neuesten Version von *Windows 10* zu den Einstellungen und wähle erst *„System"* und dann *„Apps & Features"* aus. In der alphabetisch geordneten Liste aller installierten Apps findest Du auch *OneNote*. Unter *„Erweiterte Optionen"* gibt es den Button *„zurücksetzen"*. Danach sollte sich die App wieder wie frisch nach der Installation aus dem *Windows Store* verhalten – also wie ein „neues" leeres *OneNote*.

Natürlich könnte man das *Microsoft Office*-Paket bzw. die Software *OneNote* einmal komplett de-installieren und dann wieder neu installieren. Das ist allerdings recht aufwändig und löst das Grundproblem nicht: Die alten Notizbücher existieren auch dann noch weiterhin in der Cloud.

Ich möchte Dir deshalb nun auch zeigen, wie Du Deine *OneNote*-Notizbücher komplett und endgültig löschen kannst. Vorher empfehle ich Dir, die jeweiligen Inhalte anderweitig zu archivieren oder zu sichern. Du weißt ja schon, dass Du Seiten, Abschnitte oder komplette Notizbücher in wenigen Schritten in andere Dateiformate exportieren kannst, zum Beispiel als *PDF*- oder als *Word*-Datei. Vielleicht willst Du das Notizbuch zur Sicherheit auch einfach ausdrucken. Wie beides funktioniert, habe ich Dir in einem früheren Kapitel erklärt.

OneNote-Notizbücher komplett löschen

Jetzt wird's also ernst: Wir löschen Deine unnützen *OneNote*-Notizbücher endgültig! Das klappt leider nicht direkt aus der Programm-Oberfläche auf dem Desktop oder aus der App heraus. Wenn Du meiner Empfehlung gefolgt bist, synchronisierst Du Deine Notizbücher ja grundsätzlich per *OneDrive*. Das heißt: Die *Microsoft*-Cloud dient als zentraler Speicherort. Deshalb kannst Du auch nur dort Deine einmal eingerichteten Notizbücher wieder löschen.

Gehe per Internet-Browser auf die Website http://onedrive.com und melde Dich dort über den Button rechts oben mit den Daten für Dein *Microsoft*-Konto an. In der Regel findest Du Deine *OneNote*-Notizbücher im Ordner *„Dokumente"*.

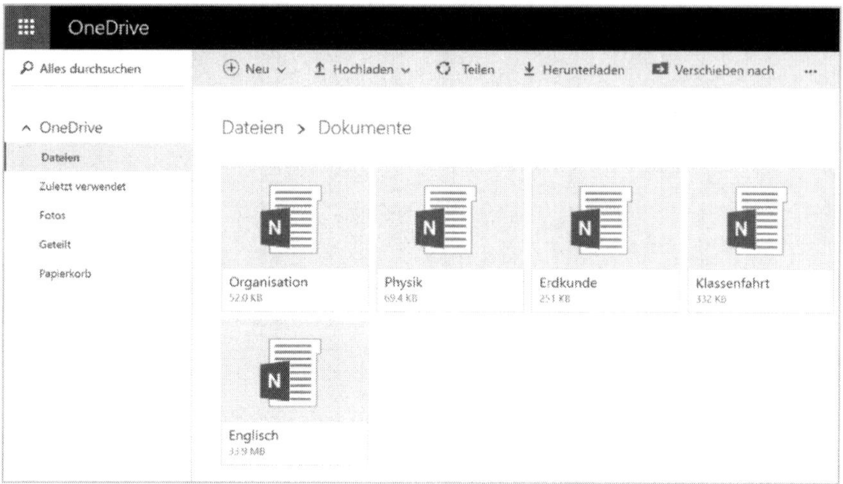

Abbildung 5.23: OneNote-Notizbücher in der Microsoft-Cloud OneDrive

Hier kannst Du ein oder mehrere Notizbücher anwählen und dann in der grauen Leiste oben auf das Feld *„Löschen"* klicken. Sofort landet jedes der ausgewählten Notizbücher im Papierkorb und kann nun nicht mehr in *OneNote* geöffnet und bearbeitet werden.

Vielleicht hast Du einzelne *OneNote*-Notizbücher doch auf Deinem PC oder auf einer externen Festplatte angelegt, z.B. aus Datenschutz-Gründen. Wenn Du so ein Notizbuch löschen willst, dann schließe es einfach in *OneNote* wie bereits oben beschrieben und lösche den Ordner dann an seinem Speicherort wie jede andere Datei im *Windows Explorer*.

Wenn Du Dir einmal unsicher bist, wo das zu löschende Notizbuch tatsächlich gespeichert ist, kannst Du den Speicherort innerhalb des Desktop-Programms ermitteln: Klicke dazu links oben auf *„Datei"* und lies den genauen Ordnerpfad in den Notizbuch-Informationen ab:

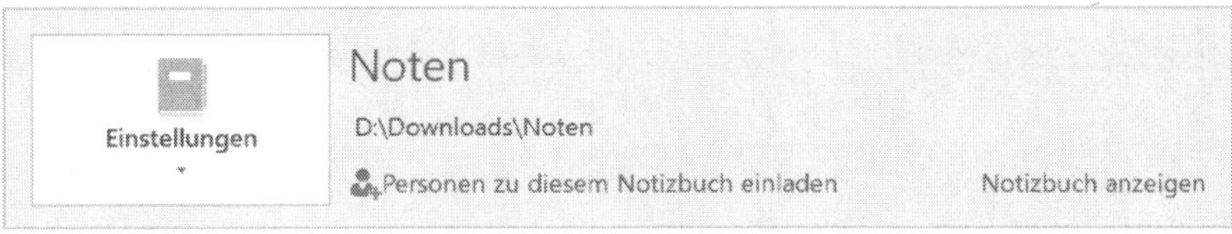

Abbildung 5.24: Speicherort eines Notizbuchs ermitteln

Grundsätzlicher Tipp

Je mehr Gedanken Du Dir im Vorfeld über Deine persönliche Notizbuch-Struktur machst, desto weniger Datei-Leichen werden sich im Verlauf der Zeit bei Dir in der Cloud oder auf der Festplatte ansammeln.

Denke auch daran: Mit Abschnittsgruppen und Unterseiten hast Du über die Standard-Elemente hinaus noch weitere praktische Möglichkeiten, um innerhalb von *OneNote* besser Ordnung halten.

5.6 *OneNote* Shortcuts: Die wichtigsten Tastaturkürzel im Überblick

Ich gebe es zu: Am liebsten klicke und ziehe ich! Bei der Bedienung von *OneNote*, *Microsoft Office* und vielen anderen Programmen habe ich mich daran gewöhnt, alle Funktionen händisch auszuführen. Das liegt auch daran, dass ich am PC schon lange nicht mehr mit einer klassischen Maus arbeite. Stattdessen nutze ich sowohl im Büro als auch zu Hause ein Stift-Tablett neben der Tastatur. Die Bedienung finde ich persönlich intuitiver und praktischer. Ich bin damit im Alltag schneller und produktiver, ähnlich wie es Fans der Stiftbedienung bei modernen Tablet-PCs beschreiben. Sehr zu empfehlen!

Oft sind aber Tastaturkürzel – also *„Shortcuts"* – die noch bessere Wahl. Wer bestimmte Tastaturkombinationen kennt und bei seiner praktischen Arbeit am Computer nutzt, ist tatsächlich oft flexibler und noch schneller. Man spart sich jede Menge unnötige Links- und Rechts-Klicks mit der Maus sowie viele weite Strecken für Hand und Arm.

Eine Auswahl der wichtigsten Shortcuts für *OneNote* unter *Windows 10* stelle ich auf den folgenden Seiten zusammen. Einige dieser Tastaturkombinationen kennst Du vielleicht auch schon aus anderen Programmen. Viele funktionieren zum Beispiel im gesamten *Microsoft Office*.

Probiere sie doch einfach mal aus und präge sie Dir ein! Sicherlich wirst Du bei der Arbeit mit *OneNote* schnell feststellen, wann Du mit welchem Weg mehr Zeit sparen kannst und am einfachsten zum Ziel kommst. Du kannst Dir die Shortcut-Liste auch kopieren und neben den PC legen, bis Du sie auswendig beherrschst.

Allgemeine Navigation in *OneNote*

Tastenkombination	**Aktion**
Strg + O	Notizbuch öffnen
Strg + N	neue Seite erstellen
Strg + T	neuen Abschnitt erstellen
Strg + Bild abwärts	zur nächsten Seite im aktuellen Abschnitt
Strg + Bild aufwärts	zur vorherigen Seite im aktuellen Abschnitt
Alt + Pos1	zur ersten Seite im aktuellen Abschnitt
Alt + Ende	zur letzten Seite im aktuellen Abschnitt
Alt + Links	zur zuletzt besuchten Seite
Alt + Rechts	zur danach besuchten Seite
Strg + Tab	zum nächsten Abschnitt
Strg + Shift + Tab	zum vorherigen Abschnitt
Strg + Alt + M	aktuelle Seite verschieben

Seiten und Inhalte bearbeiten

Tastenkombination	**Aktion**
Strg + A	alles auswählen (ggf. mehrfach drücken)
Strg + X	ausschneiden
Strg + C	kopieren
Strg + V	einfügen
Strg + Z	rückgängig („*undo*“)
Strg + Y	wiederholen („*redo*“)
Alt + Shift + D	Datum einfügen
Alt + Shift + T	Uhrzeit einfügen
Alt + Shift + F	Datum und Uhrzeit einfügen
Tab	Tabelle mit neuer Spalte erstellen
Strg + Enter	neue Zeile in Tabelle erstellen

weitere *OneNote*-Funktionen

Tastenkombination	**Aktion**
F7	Rechtschreibung prüfen
Shift + F7	Thesaurus prüfen (Synonym-Wörterbuch)
F9	Notizbücher synchronisieren
F11	ganze Seite anzeigen
Strg + E	alle Notizbücher durchsuchen
Strg + F	aktuelle Seite durchsuchen
Strg + Q	Seite als ungelesen anzeigen
Strg + Shift + R	Hilfslinien anzeigen
Strg + Shift + T	Seitentitel anzeigen
Strg + P	Seite drucken
Strg + Shift + E	Seite per E-Mail senden

Teil 6

Zusatz-Tools

OneNote ausreizen

6.1 *OneNote Web Clipper*: Internetseiten und Artikel sammeln und archivieren

Wenn Du für eine Schulstunde oder ein Unterrichtsfach recherchierst, gehört das Internet sicher längst zu Deinen wichtigsten Quellen. Dank Websites wie *Google*, *Wikipedia* und Co. sind unendlich viele spannende Inhalte nur wenige Mausklicks entfernt. Aus vielen Gesprächen weiß ich mittlerweile, dass Lehrer es oft aufwändig und müßig finden, Informationen und sonstiges Material aus dem Web umständlich zu kopieren und aufzubereiten, um dieses irgendwann mal im Unterricht einsetzen zu können.

In diesem Artikel möchte ich Dir ein praktisches Tool vorstellen, mit dem Du Fundstücke aus dem Web ganz einfach sammeln kannst. Dank *OneNote* sparst Du Dir dabei diverse Kopier- und Speicher-Wege. Dass *OneNote* der perfekte Ort für unterschiedlichstes Unterrichtsmaterial sein kann, habe ich Dir in diesem Buch ja schon mehrfach dargestellt. Wie aber landen Texte und Bilder aus dem Web nun bequem in Deinem *OneNote*-Notizbuch?

Für diesen Zweck gibt es seit einiger Zeit das Tool *OneNote Web Clipper*, das kontinuierlich weiterentwickelt wird und mittlerweile mit den wichtigsten und beliebtesten Internet-Browsern funktionieren sollte. Egal ob *Chrome*, *Firefox*, *Safari*, *Edge* oder *Internet Explorer*: Die Chance ist hoch, dass Du eines dieser Programme zum Surfen im Internet nutzt – vielleicht ja ab und zu auch auf dem Blog zu diesem Buch.

Abbildung 6.1: „OneNote für Lehrer" - Screenshot mit Google Chrome

OneNote Web Clipper installieren / einrichten

Am einfachsten lässt sich der *OneNote Web Clipper* einrichten, wenn Du mit dem Internet-Browser die offizielle Seite des Tools besuchst:

https://www.onenote.com/clipper

Die wichtigsten Funktionen der Erweiterung werden dort in Kürze vorgestellt. Lies Dir die Informationen gerne mal durch und verschaffe Dir einen Eindruck von den Möglichkeiten des Tools.

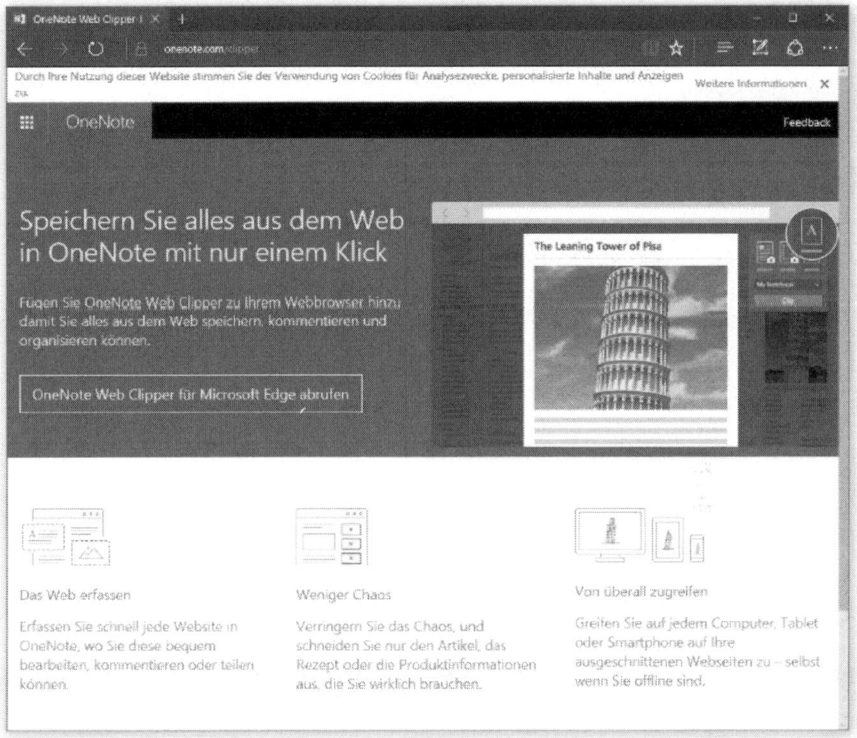

Abbildung 6.2: Offizielle Website vom OneNote Web Clipper

Die Website erkennt Deinen Internet-Browser in der Regel automatisch und zeigt Dir das dann auf der Schaltfläche mit dem dünnen weißen Rahmen an. Per Mausklick kannst Du die entsprechende Version des Tools *OneNote Web Clipper* direkt abrufen. Der Link startet je nach Browser direkt die Installation der Erweiterung – wie zum Beispiel in *Google Chrome*. Alternativ führt er zur jeweiligen Download-Option – wie zum Beispiel für *Mozilla Firefox* oder *Microsoft Edge*.

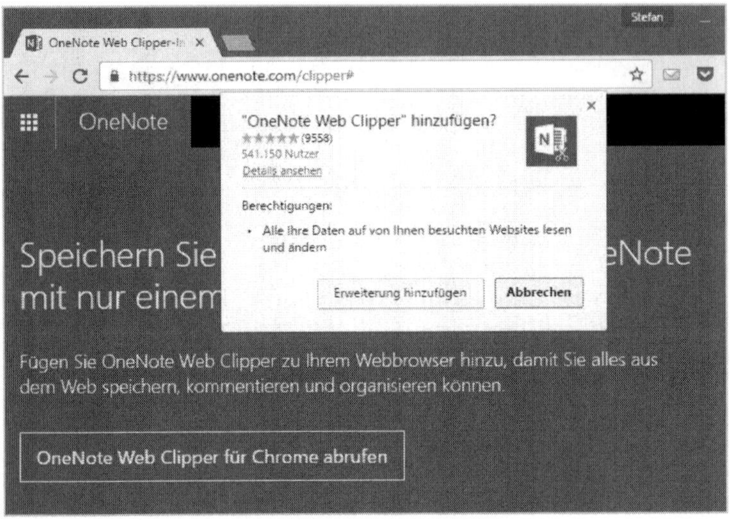

Abbildung 6.3: OneNote Web Clipper in Google Chrome abrufen

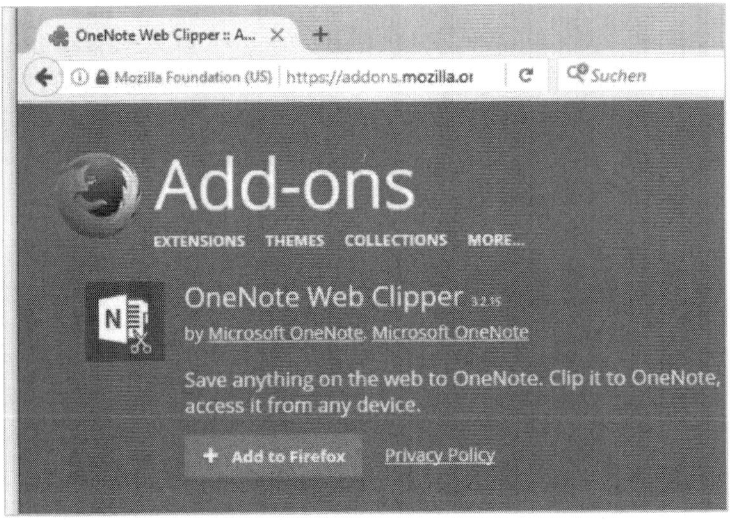

Abbildung 6.4: OneNote Web Clipper in Mozilla Firefox abrufen

Wenn Du die Clipper-Erweiterung erfolgreich installiert hast, nistet sich rechts oben in der Funktionsleiste Deines Internet-Browsers ein kleines *OneNote*-Icon ein. Hast Du es schon entdeckt?

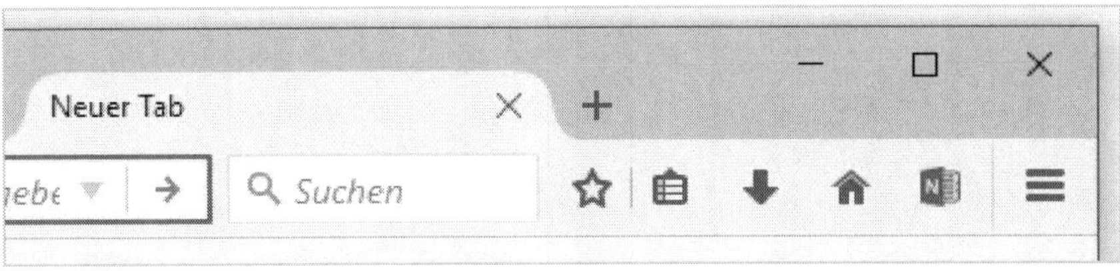

Abbildung 6.5: OneNote-Icon im Internet-Browser

Website-Artikel in *OneNote* ablegen

Es wird Zeit für ein praktisches Beispiel, wie immer in diesem Buch angelehnt an Deinen Schulalltag. Für den Biologie-Unterricht möchtest Du Infos und Bilder zu verschiedenen Tieren sammeln. Dank *Google* wirst Du bei der Suche nach dem Rotfuchs auch schnell fündig:

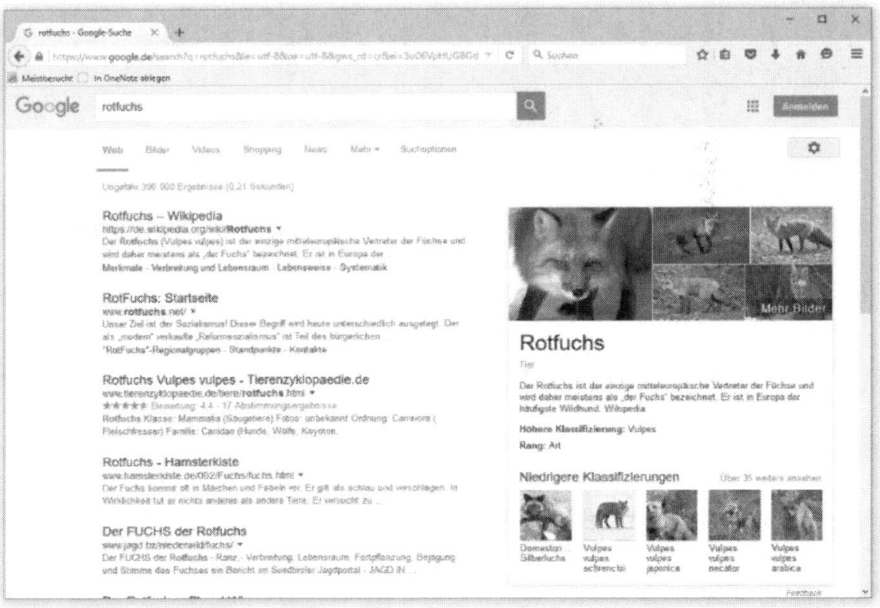

Abbildung 6.6: Google-Suche

Wenn Du nun zum ersten Mal auf das Symbol in der Leiste klickst, kannst Du Dich mit Deinen Zugangsdaten zu Deinem *Microsoft*-Konto anmelden. Nur so kann das Tool auf Deine Notizbücher in der Cloud zugreifen.

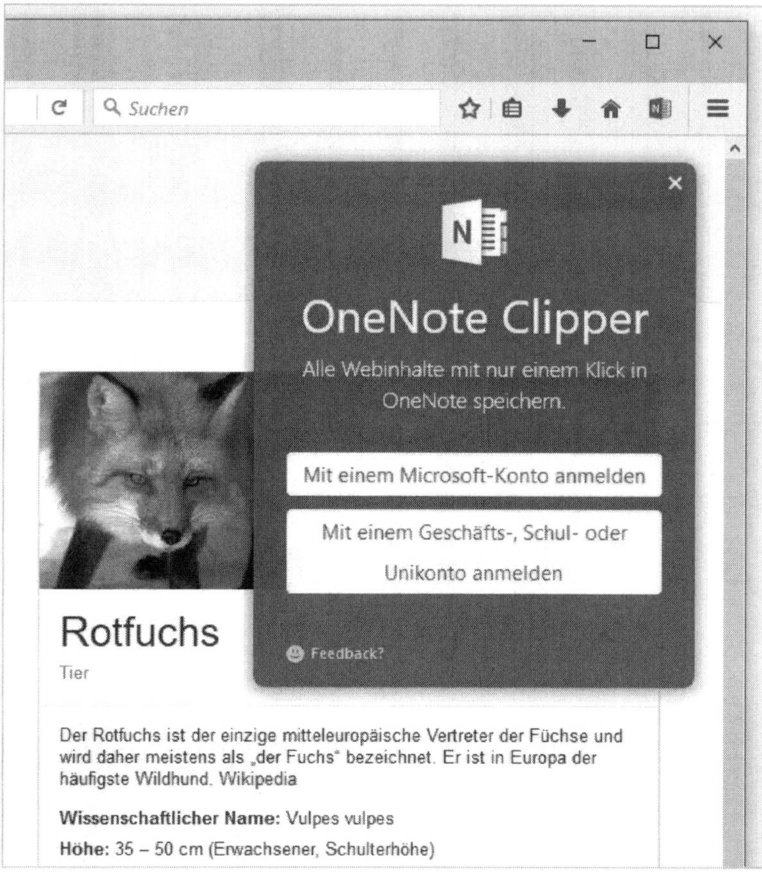

Abbildung 6.7: Anmeldefenster für den OneNote Clipper

Im nächsten Schritt wollen wir mit dem *OneNote*-Clipper ein erstes Fundstück aus dem Internet sichern. Dafür gibt es in dem Tool verschiedene Möglichkeiten: Du kannst eine Website komplett als Bilddatei in *OneNote* ablegen oder einen Teilbereich gezielt ausschneiden. Du kannst aber auch den Text samt Bildern als Artikel ablegen oder die Internetseite einfach als Link archivieren.

Abbildung 6.8: Optionen im OneNote Web Clipper

Wenn Du Dich mit Deinem *Microsoft*-Konto angemeldet hast, kannst Du in dem Feld *„Speicherort“* eines Deiner vorhandenen Notizbücher sowie einen darin enthaltenen Abschnitt auswählen. Dort legt der *OneNote-Clipper* automatisch eine neue Seite für den Website-Inhalt an.

Wir schauen uns die verschiedenen Möglichkeiten jetzt einfach mal im Ergebnis an und nutzen dafür den *Wikipedia*-Eintrag über den Rotfuchs. Um den Clipper in Deinem Internet-Browser nutzen zu können, musst Du übrigens das Desktop-Programm oder die OneNote-App weder geöffnet noch installiert haben.

Abbildung: 6.9: Wikipedia-Eintrag zum Begriff „Rotfuchs“

Ganze Seite

Klicke auf das *OneNote*-Icon in Deinem Internet-Browser und wähle die Funktion *„Ganze Seite“* aus. Wenn Du Dich für einen Abschnitt in Deinem Notizbuch entschieden hast und dann auf *„Ausschneiden“* klickst, wird die komplette Internetseite direkt als Screenshot gesichert und abgelegt. Das Ergebnis sieht dann in *OneNote* in etwa so aus:

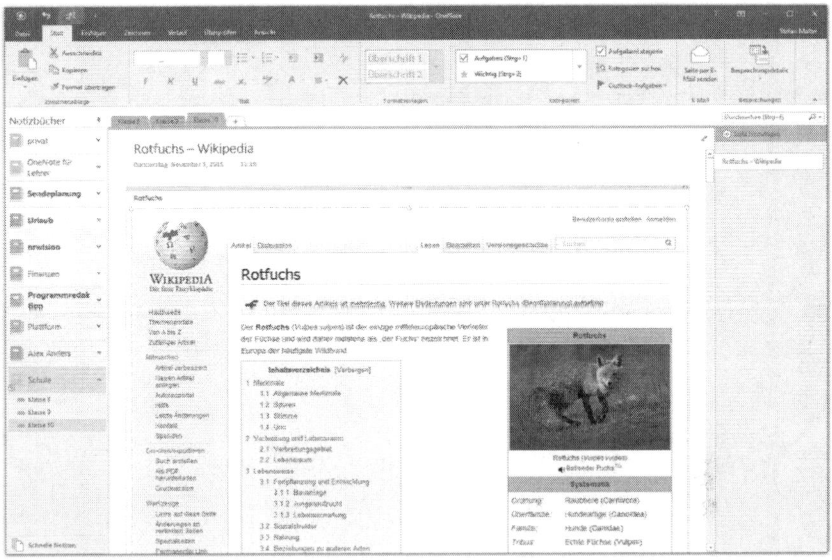

Abbildung 6.10: Ganze Seite in OneNote

Der Vorteil dieser Methode: Du kannst die Website exakt so archivieren, wie Sie Dir im Internet-Browser dargestellt wird. Der Nachteil: Es handelt sich um eine Bilddatei. Du kannst also nicht einfach den Text bearbeiten oder kopieren. Je nach Aufbau der Website kann dieser Screenshot unnütze Werbebanner oder unschöne Menüs enthalten.

Bereich

Vielleicht möchtest Du auch nur einen Teil der Internetseite sichern. Den Bereich kannst Du selbst bestimmen, indem Du einen Rahmen um den gewünschten Ausschnitt herum ziehst. Das Prinzip kennst Du bereits, da wir in einem früheren Kapitel die in *OneNote* integrierte Screenshot-Funktion ausprobiert haben.

Abbildung 6.11: Funktion „Bereich" im OneNote Web Clipper

So kannst Du Dich auf die wirklich interessanten Fotos und Teile der Website konzentrieren, ohne nachträglich den Ausschnitt nochmal anpassen zu müssen. Die entsprechende Bilddatei wird im nächsten Schritt wieder direkt in *OneNote* abgelegt – übrigens immer auch mit einem Verweis zum ursprünglichen Link, falls Du später nochmal auf der Internetseite nachschlagen möchtest.

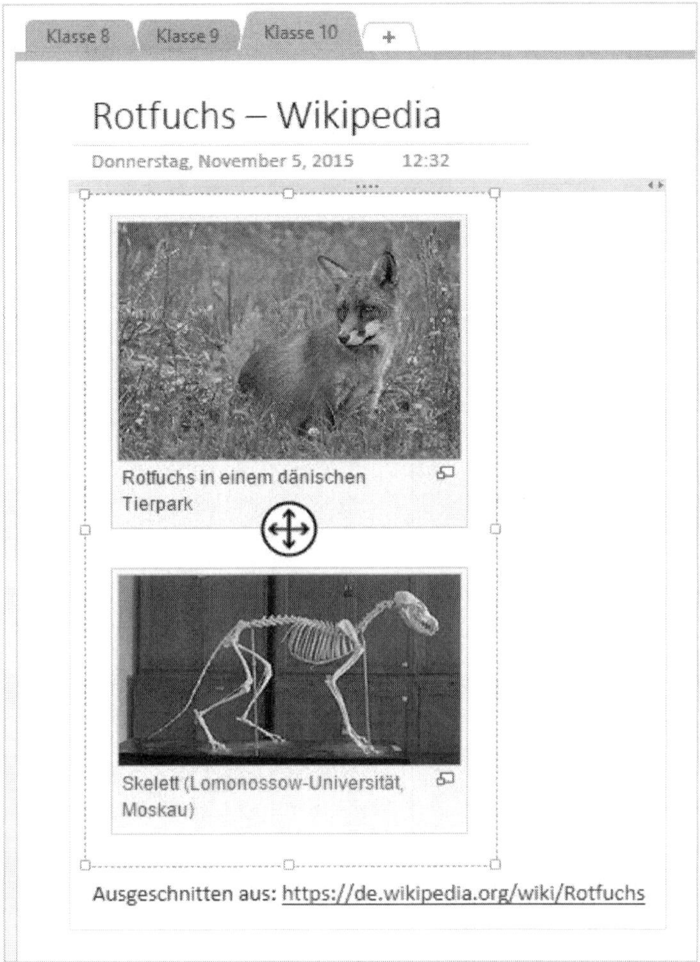

Abbildung 6.12: Ausgeschnittener Bereich in OneNote

Artikel

Wirklich praktisch finde ich diese dritte Variante, um Inhalte einer Internetseite bequem zu archivieren. Wenn Du *„Artikel"* auswählst, bereinigt *OneNote Clipper* die aktuelle Website automatisch und entfernt dabei zum Beispiel Menüs und Werbebanner. Übrig bleiben der reine Artikel-Text sowie darin eingefügte Bilder.

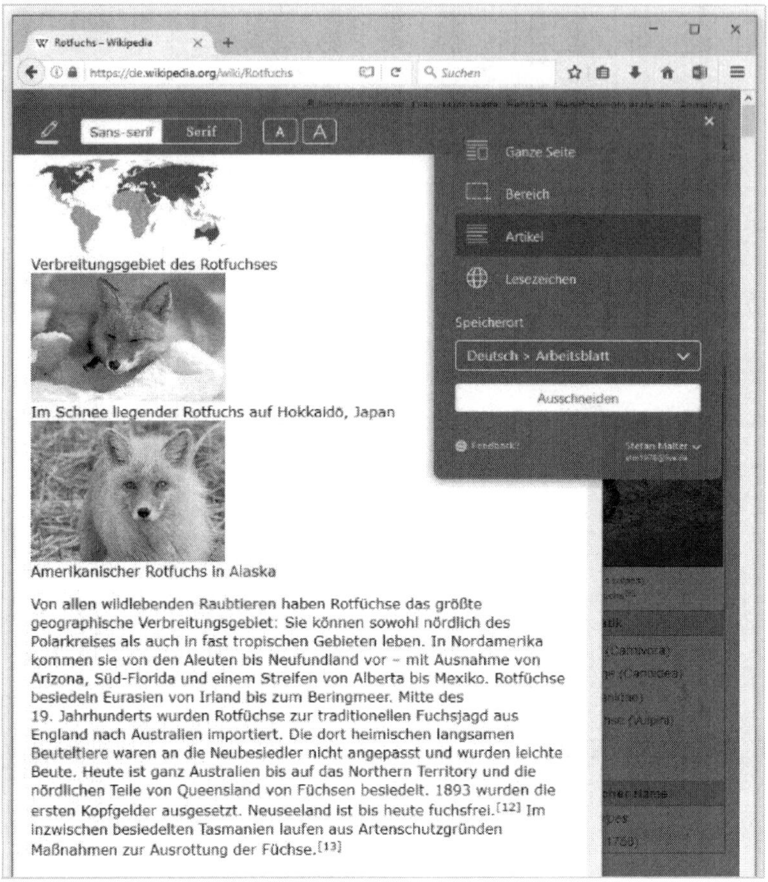

Abbildung 6.13: Artikel archivieren

Die Vorteile dieser Funktion: Du kannst den Artikel später in *OneNote* ganz frei für Deine Zwecke bearbeiten, kürzen oder erweitern. Außerdem benötigt ein aufs Wesentliche reduzierter Artikel viel weniger Speicherplatz als komplette Websites als Bilddatei. Allerdings geht so das ursprüngliche Layout der Internetseite verloren. Du solltest vorsichtshalber prüfen, ob der Clipper auch wirklich alle Textteile der Website erkannt und übernommen hat.

Das Tool wird ständig weiterentwickelt. Mittlerweile werden zum Beispiel auch *YouTube*-Videos erkannt und als Multimedia-Element in *OneNote* integriert.

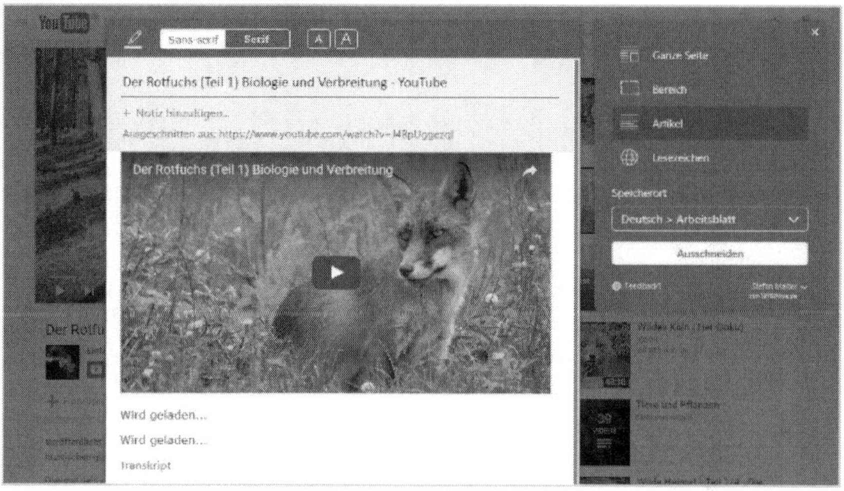

Abbildung 6.14: YouTube-Video als Artikel archivieren

Lesezeichen

Die vierte Funktion im *OneNote Web Clipper* ist auch schnell erklärt. Vielleicht stößt Du beim Surfen im Internet auf eine Seite, die regelmäßig aktualisiert wird. Du willst deshalb nur den Link in *OneNote* archivieren, damit Du immer wieder auf die Seite zugreifen kannst.

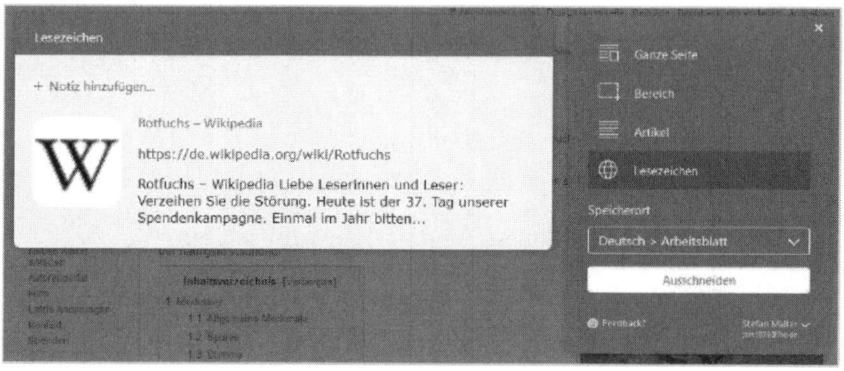

Abbildung 6.15: Website als Lesezeichen ablegen

Zu dem Link fügt der *OneNote Clipper* auch noch einen kurzen Teaser-Text hinzu – zur besseren inhaltlichen Einordnung.

Der *OneNote Web Clipper* ist unterm Strich der wohl schnellste Weg, um Inhalte aus dem Web zu sammeln und direkt in die passenden Abschnitte sortieren. So geht Dir in Zukunft kein spannendes Fundstück aus dem Internet mehr verloren, und Du kannst Dir bequem eine umfangreiche und gut sortierte Sammlung von Unterrichtsinhalten oder sonstigen Informationen anlegen. Du kannst von Fall zu Fall entscheiden, auf welche Art und Weise die Archivierung von Inhalten aus dem Netz jeweils am sinnvollsten für Deine Zwecke ist.

6.2 *Office Lens*: Scanner-App für *OneNote*

In diesem Abschnitt möchte ich Dir einen weiteren praktischen Helfer vorstellen, der perfekt mit *OneNote* zusammenarbeitet: Mit der kostenlosen Smartphone-App *„Office Lens“* hast Du einen mobilen Scanner griffbereit in der Hosentasche. Damit kannst Du Dokumente, Briefe, Zeitungsausschnitte, Visitenkarten oder ganze Tafelbilder einfach abfotografieren und diese dann direkt in Deinem *OneNote*-Notizbuch sichern. Wie die App funktioniert, erkläre ich Dir hier wie immer mit einem konkreten Beispiel.

Zuerst musst Du die App auf Deinem Smartphone oder auch Tablet installieren. Egal ob *iPhone*, iPad, *Android*, *Windows Phone* oder *Surface*: Du findest *„Office Lens“* von *Microsoft* kostenlos im jeweiligen App Store. Ich selbst nutze die App für *Windows 10* bzw. *Windows 10 Mobile*.

Abbildung 6.16: Office Lens im Windows Store

Stelle Dir nun die folgende Situation vor: Du bist zu Besuch bei einer Freundin, findest ein altes Schulbuch und blätterst darin herum. Eine Übungs-Aufgabe in dem Buch findest Du so spannend, dass Du sie sehr gerne mal in Deinem Unterricht ausprobieren möchtest. Leider besitzt Deine Freundin keinen Scanner.

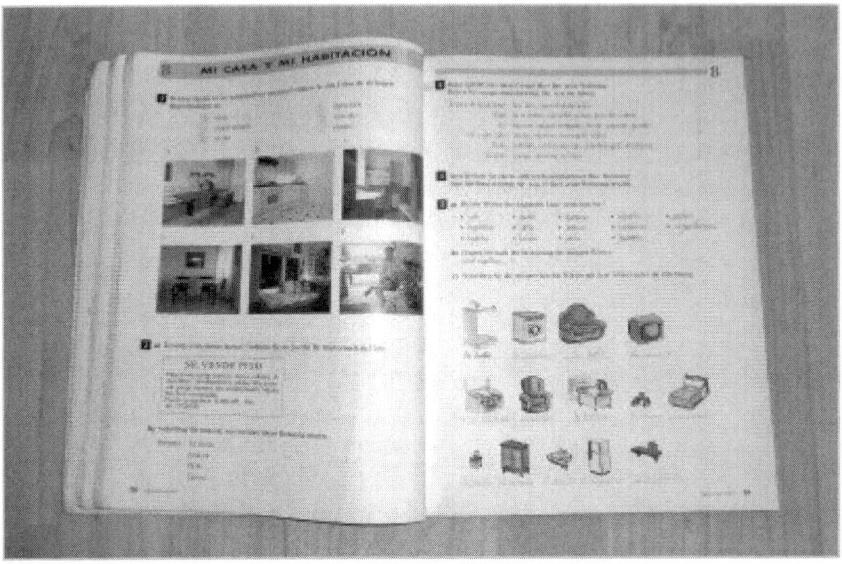

Abbildung 6.17: Spanisches Lehrbuch

Mit der App *„Office Lens"* auf Deinem Handy oder Tablet-PC kannst Du die Buchseite einfach vor Ort abfotografieren und sofort in einem beliebigen *OneNote*-Abschnitt Deiner Online-Notizbücher speichern.

Starte die App und tippe auf das Scanner-Icon (unter dem Blitz-Symbol). In dem Menü kannst Du nun auswählen, welche Art von Inhalt Du nun sichern möchtest: Ein Foto, eine Visitenkarte, eine Whiteboard-Aufzeichnung oder ein Dokument?

Diese Auswahl ist wichtig, denn *Office Lens* wird Deinen Schnappschuss später entsprechend nachbearbeiten. Dabei werden zum Beispiel der Text auf einem Papier-Dokument oder die Handschrift auf einem Whiteboard hervorgehoben und durch mehr Kontrast besser lesbar.

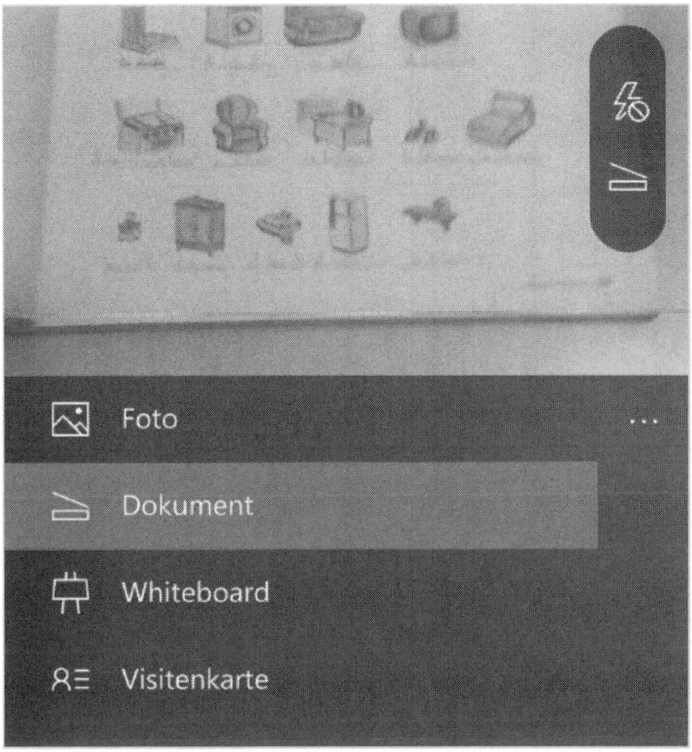

Abbildung 6.18: Auswahl in Office Lens

Halte die Kamera über die Buchseite, die Du abfotografieren möchtest. Wenn Du Dich in einer hellen Umgebung befindest, kannst Du für die Aufnahme in der Regel aufs Blitzlicht Deines Smartphones verzichten. Gerade bei Dokumenten auf weißem Papier würde Dein Schnappschuss nur überstrahlen.

Auf dem Handy-Display kannst Du im besten Fall direkt sehen, wie *Office Lens* die Seite automatisch erkennt und einen Rahmen drum herum anzeigt. Die App wird das Dokument später für Dich begradigen

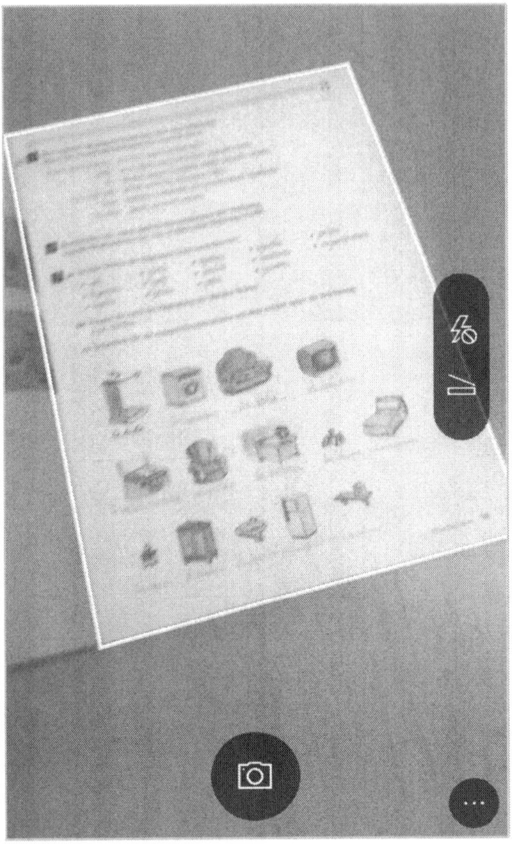

Abbildung 6.19: Automatische Dokument-Erkennung

Tippe jetzt einmal kurz auf das Kamera-Symbol unten und halte das Smartphone so ruhig wie möglich. Das Dokument wird zuerst scharfgestellt. Dann macht die App eine automatische Aufnahme. *Office Lens* ist pfiffig und wird das Bild sofort nachbearbeiten: Danach ist wie versprochen der Kontrast höher, die Farben sind kräftiger, und der Text ist besser lesbar. Fertig ist Dein erster Scan!

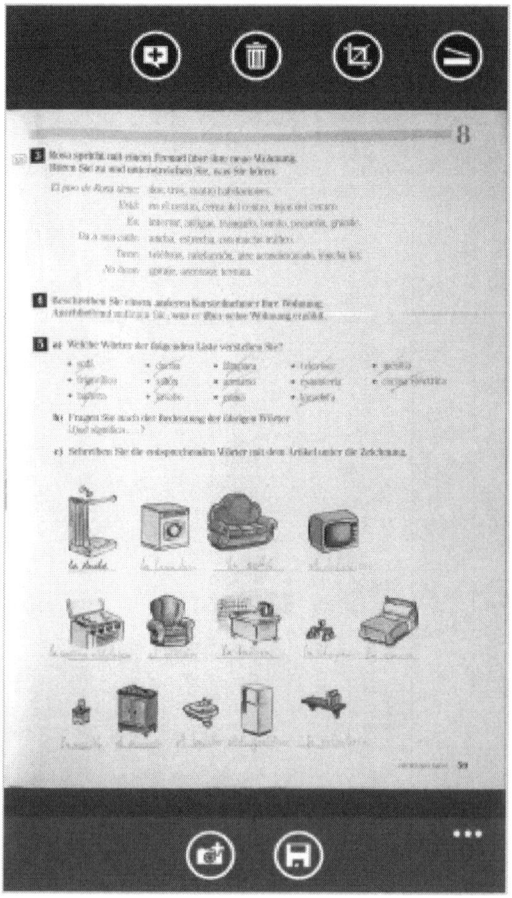

Abbildung 6.20: Fertiger Dokumenten-Scan

Bei Bedarf kannst Du noch eine Notiz hinzufügen, die Aufnahme direkt wieder löschen oder das Bild zuschneiden, wenn Du nur einen Teil der Seite speichern möchtest. Tippe danach auf das Disketten-Symbol, um das Bild zu speichern. Wenn Du die App zum ersten Mal verwendest, musst Du Dich vermutlich noch in Dein *Microsoft*-Konto einloggen, um auf Dein Notizbuch in der Cloud zugreifen zu können. Im nächsten Schritt erscheint dann dieses Menü:

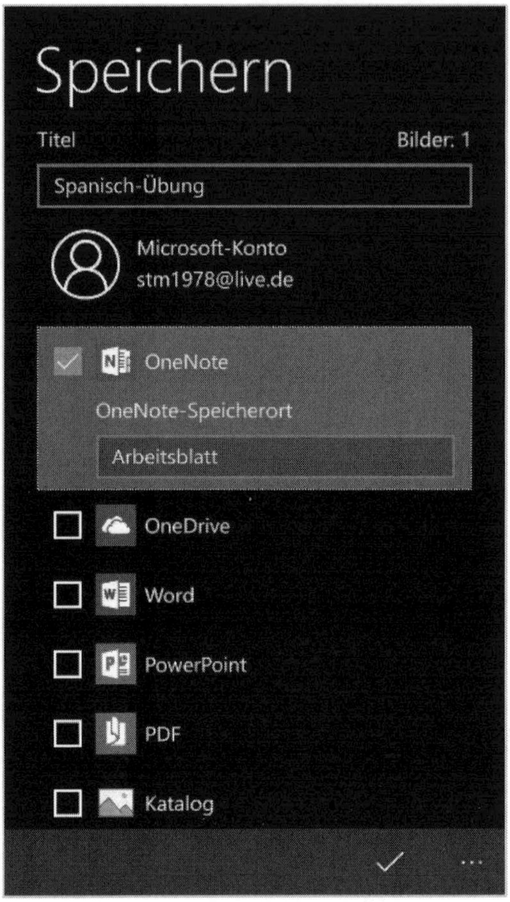

Abbildung 6.21: Speicher-Optionen in Office Lens

Gib einen Titel ein und entscheide Dich für einen *OneNote*-Abschnitt in der Cloud. Auch praktisch: *Office Lens* wandelt die Aufnahme auf Wunsch zusätzlich in eine *PDF*-Datei oder ein *Word*-Dokument um und lädt diese auf Dein *OneDrive* hoch. Wähle dazu einfach die angebotenen Optionen im Menü an.

Mit dem Häkchen unten bestätigst Du den ausgewählten Abschnitt, und schon nach kurzer Synchronisierung per Cloud ist Deine Aufnahme auf allen Deinen Geräten verfügbar, auf denen Du *OneNote*-Notizbücher sonst verwendest.

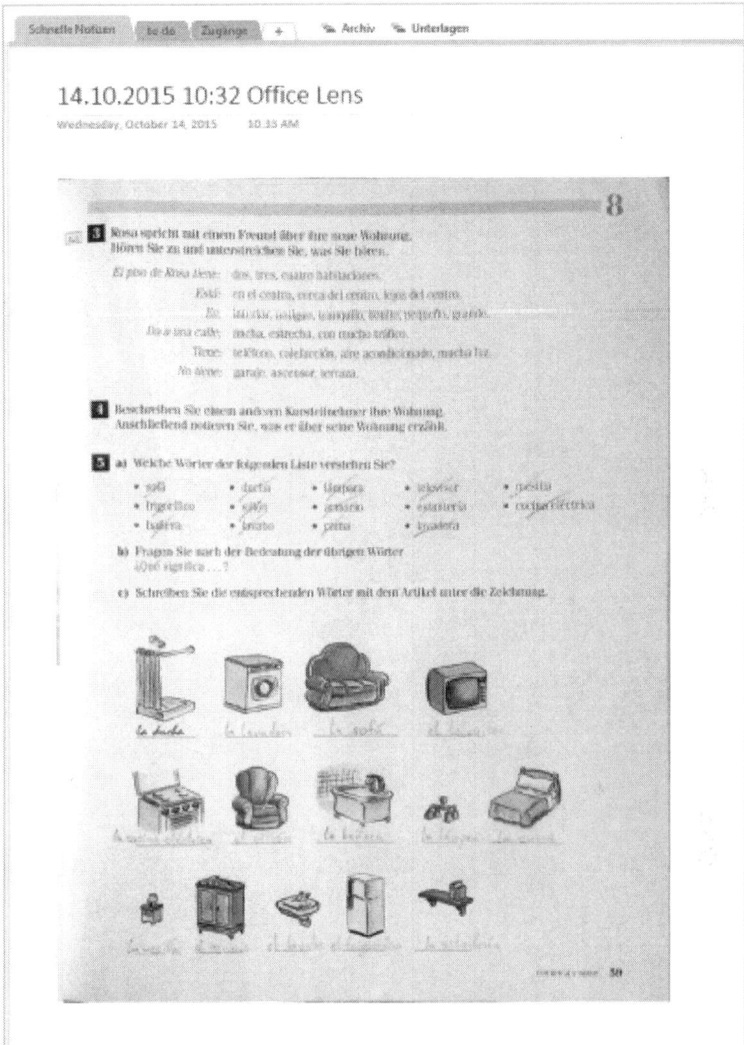

Abbildung 6.22: Synchronisierter Dokumenten-Scan in OneNote

Besonders beeindruckend finde ich, wie *Office Lens* mit Skizzen vom Whiteboard umgeht. Wenn Du im Unterricht oder in einem Seminar ein Whiteboard nutzt, kannst Du die Aufzeichnungen nach der Stunde bequem abfotografieren und so dauerhaft dokumentieren. Hier funktioniert die automatische Nachbearbeitung in der App besonders gut. Probier's doch einfach mal aus!

Dank *Office Lens* kannst Du Aufzeichnungen und Dokumente schnell archivieren – zum Beispiel für die Nachbereitung zu Hause oder auch als Vorbereitung für kommende Schulstunden und andere Klassen. Wann immer Du also eine Notiz, einen Artikel oder ein Dokument verwahren möchtest und keinen klassischen Scanner zur Verfügung hast, kannst Du Dein Smartphone zücken, ein Foto davon machen und das Bild in einem *OneNote*-Abschnitt ablegen.

6.3 Lerntools für *OneNote* zum Vorlesen und Diktieren

Als *Microsoft* die *„Learning Tools"* für *OneNote* vorgestellt hat, war ich positiv überrascht. Das Add-In ist aus meiner Sicht praktisch und ein klares Bekenntnis zu *OneNote* als Tool für Schüler und Lehrer. Die deutsche Version *„Lerntools"* funktioniert ebenfalls fast reibungslos. Der Download ist kostenlos.

Die *Lerntools* sollen Schülern dabei helfen, flüssiger zu lesen und zu schreiben. Es gibt eine Vorlese-Funktion sowie eine Diktat-Funktion. Beide können direkt in *OneNote* integriert werden. Die Schüler können sich damit zum Beispiel Texte vorlesen lassen und dank optischer Unterstützung gleichzeitig das Schriftbild verfolgen. So bekommen sie Hilfe bei der Entschlüsselung von längeren Artikeln oder sonstigen Textformen.

Vor allem Leseanfänger, Schüler mit Lernschwierigkeiten und Deutsch-Lernende sollen sich dank der Lerntools besser auf den Inhalt von Texten konzentrieren können. Mit der Zeit können sie so ihr Leseverständnis sowie die individuelle Lesegeschwindigkeit verbessern.

Installation als Add-In

Die *Lerntools* sind eine Erweiterung, die sich einfach in die Desktop-Version von *OneNote* integriert. Voraussetzung ist deshalb, dass Du *OneNote* auf Deinem *Windows*-PC nutzt. Für die Installation der *Lerntools* musst Du zuerst eine kleine Datei herunterladen. Du findest die Setup-Datei sowie weitere Infos über das Tool auf der offiziellen Website:

https://www.onenote.com/learningtools

Bevor Du die Installation startest, solltest Du *OneNote* schließen. Klicke dann auf die Setup-Datei und bestätige die darauffolgende Lizenzvereinbarung. Der nun folgende Prozess dauert nur wenige Sekunden.

Wenn Du *OneNote* startest, findest Du die *Lerntools* als neuen eigenen Reiter in der oberen Funktionsleiste. Lass uns die Möglichkeiten gemeinsam entdecken!

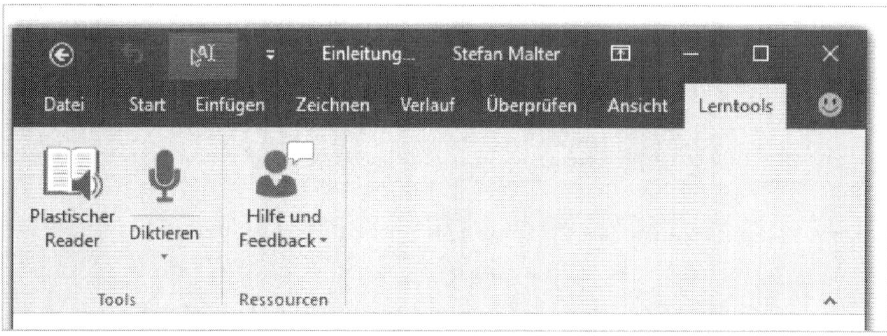

Abbildung 6.23: Funktionsleiste der „Lerntools in OneNote"

„Plastischer Reader" in den *OneNote*-Lerntools

Das *Add-In* kommt vollständig in deutscher Sprache daher. Die Übersetzung *„Plastischer Reader"* halte ich persönlich aber für unglücklich. Neben *„Diktieren"* hätte man meines Erachtens schnell auf *„Vorlesen"* kommen können.

Wähle für einen ersten Test eine *OneNote*-Seite mit einem längeren Text aus und starte den *„Plastischen Reader"*. Die Oberfläche des Readers öffnet sich dann direkt im Vollbild – wie hier im Beispiel mit einem Absatz aus diesem Buch:

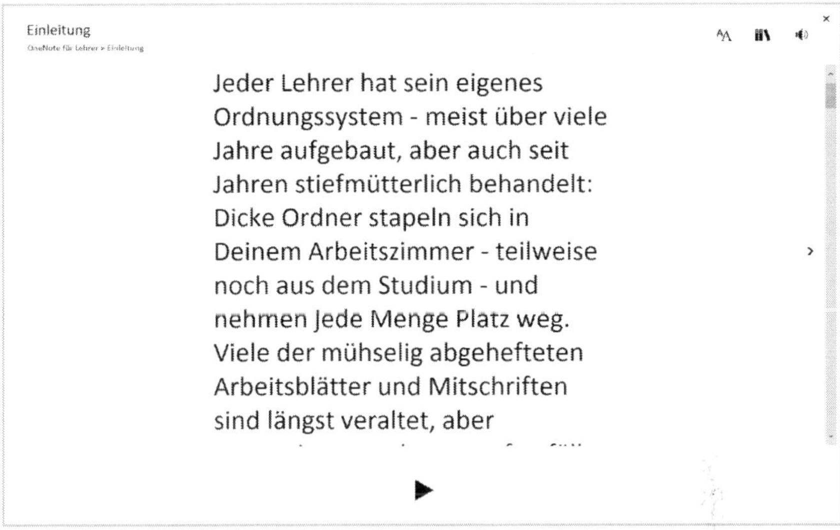

Abbildung 6.24: Plastischer Reader der OneNote Lerntools

Du bekommst sofort einen Eindruck von der Vorlese-Funktion, wenn Du den dreieckigen Play-Button unten anklickst. Der Bildschirm wird leicht abgedunkelt, und der Text wird von einer weiblichen Computerstimme vorgelesen – erfreulich verständlich und flüssig. Währenddessen wird die jeweils aktuelle Textstelle auch optisch hervorgehoben.

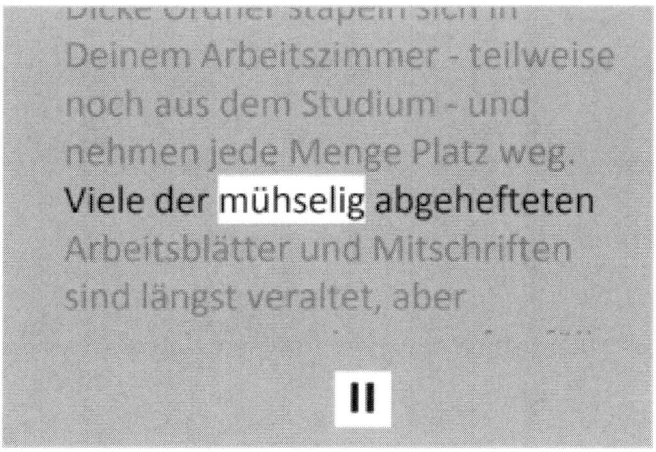

Abbildung 6.25: Vorlese-Funktion im Einsatz

Um das Vorlesen anzuhalten oder ganz zu stoppen, musst Du einfach nur auf das Pause-Symbol unten klicken.

Je nach Gerät, Tageszeit und persönlichem Geschmack möchtest Du die optische Darstellung vielleicht ein wenig anpassen. Rechts oben siehst Du ein Icon mit den Buchstaben „A“. Wenn Du darauf klickst, öffnet sich eine neue Übersicht mit mehreren Optionen.

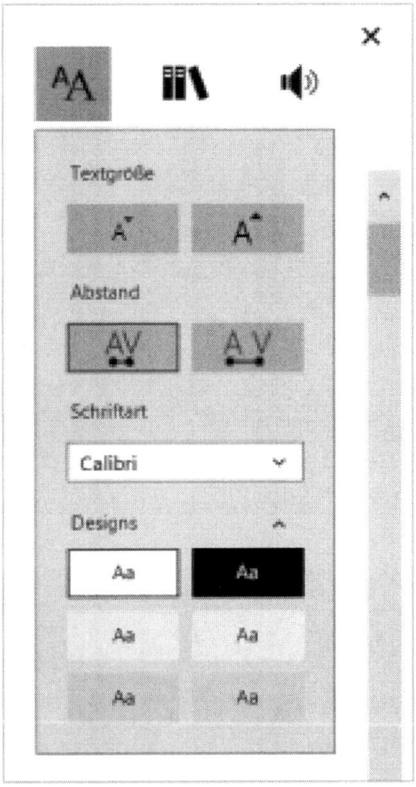

Abbildung 6.26: Optionen im Plastischen Reader

Die Funktionen sind wie gewohnt selbsterklärend: Du kannst zum Beispiel die Textgröße, den Abstand zwischen den Buchstaben, die Schriftart sowie das grundsätzliche Design verändern. In dunkler Umgebung z.B. gilt der schwarze Hintergrund mit hellen Buchstaben als besonders Augen-schonend.

Hinter dem Icon in der Mitte der Optionsauswahl befinden sich die *„Verständnis-Funktionen"*. Diese funktionieren bislang leider nur bei englischen Texten. Hier kannst Du Texte nach Silben aufteilen oder bestimmte Wortarten hervorheben. Das ist sicher eine sinnvolle Option für alle, die eine Fremdsprache lernen und sich dabei mehr Überblick über die Struktur von Sätzen verschaffen wollen.

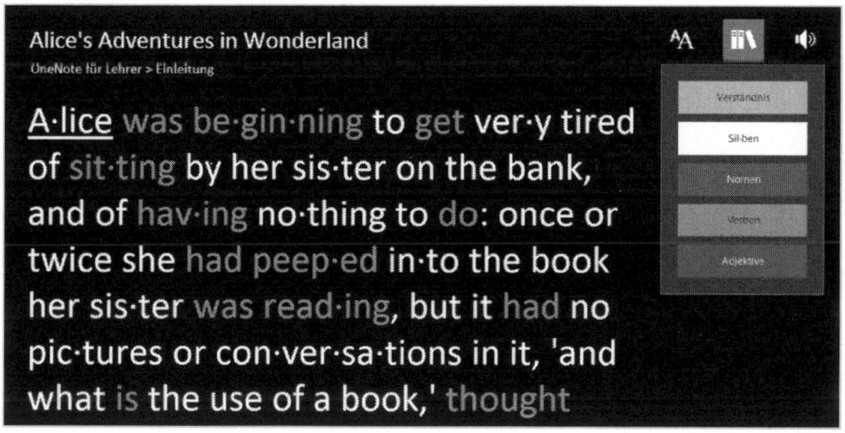

Abbildung 6.27: Verständnis-Funktionen der OneNote Lerntools

Hinter dem Lautsprecher-Symbol versteckt sich zudem noch die Möglichkeit, die Vorlese-Geschwindigkeit anzupassen. Gerade für Leseanfänger könnte hier das angebotene mittlere Tempo noch zu hoch sein, wenn sie den Text am Bildschirm mitverfolgen sollen.

Texte diktieren in den *OneNote*-Lerntools

Die Diktat-Funktion richtet sich laut Beschreibung unter anderem an Schüler mit Behinderungen. Wenn sie zum Beispiel körperlich eingeschränkt sind und ihnen das Schreiben schwerfällt, können sie so trotzdem eigene Texte erstellen. Die Spracherkennung kann man natürlich auch anderweitig nutzen, zum Beispiel als Hilfestellung im Fremdsprachen-Unterricht oder beim schlichten Verfassen von Briefen oder sonstigen Texten.

Für die Diktat-Funktion der *OneNote Lerntools* muss Dich Dein Computer, Laptop oder Tablet-PC natürlich gut hören können. Deshalb benötigst Du ein Mikrofon. In mobilen Geräten wie dem *Microsoft Surface Pro* ist ein Mikrofon bereits eingebaut. Alternativ kannst Du auch ein externes Mikrofon am entsprechenden Sound-Eingang anschließen. Vielleicht besitzt Du ja auch schon ein Headset als Kombination aus Kopfhörer und Mikrofon. Du kannst es zusätzlich für *Skype* oder ähnliche Anwendungen nutzen.

Klicke zuerst auf den kleinen Pfeil unter dem Mikrofon-Symbol. Du kannst nun die Sprache auswählen, in der Du etwas diktieren möchtest. Bislang stehen Dir hier die fünf Sprachen Englisch, Französisch, Deutsch, Italienisch und Spanisch zur Verfügung.

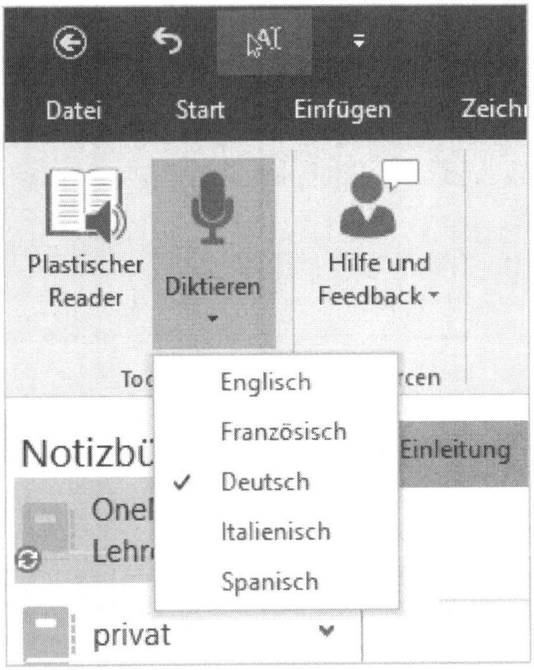

Abbildung 6.28: Diktieren in den OneNote Lerntools

Du startest ein Diktat, indem Du auf das Mikrofon klickst. Sobald Du ein kurzes akustisches Signal hörst, kannst Du direkt lossprechen. Sofort erscheinen die von Dir gesprochenen Sätze als Text auf der *OneNote*-Seite. Die Spracherkennung funktioniert in den unterschiedlichen Sprachen schon ziemlich gut, wenn auch nicht perfekt. In der folgenden Abbildung siehst Du meine ersten Versuche auf Deutsch, Englisch und Spanisch:

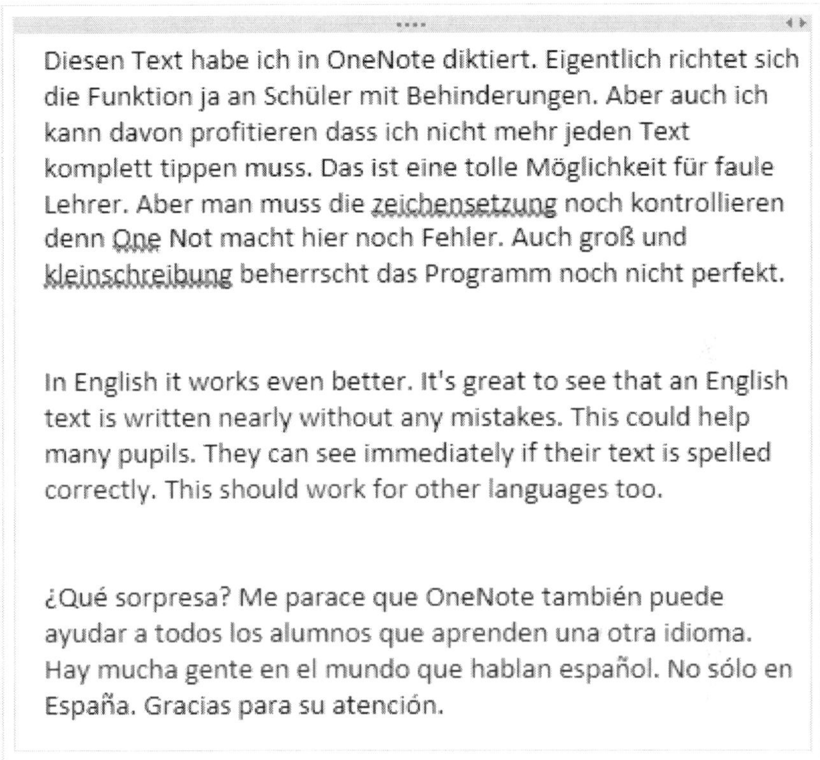

Diesen Text habe ich in OneNote diktiert. Eigentlich richtet sich die Funktion ja an Schüler mit Behinderungen. Aber auch ich kann davon profitieren dass ich nicht mehr jeden Text komplett tippen muss. Das ist eine tolle Möglichkeit für faule Lehrer. Aber man muss die zeichensetzung noch kontrollieren denn One Not macht hier noch Fehler. Auch groß und kleinschreibung beherrscht das Programm noch nicht perfekt.

In English it works even better. It's great to see that an English text is written nearly without any mistakes. This could help many pupils. They can see immediately if their text is spelled correctly. This should work for other languages too.

¿Qué sorpresa? Me parace que OneNote también puede ayudar a todos los alumnos que aprenden una otra idioma. Hay mucha gente en el mundo que hablan español. No sólo en España. Gracias para su atención.

Abbildung 6.29: Diktier-Versuche in den OneNote Lerntools

In jedem Fall empfehle ich Dir, Dich nicht komplett auf die automatische Spracherkennung zu verlassen und missverstandene Begriffe sowie Rechtschreib- und Zeichensetzungsfehler händisch zu korrigieren.

Mit den kostenlosen *Lerntools* erweitert *Microsoft* den Funktionsumfang seines mächtigen Tools *OneNote* und positioniert die Software noch stärker im Bereich Bildung. Ein sinnvoller Schritt, von dem auch wir als Lehrkräfte nur profitieren können. Ich bin gespannt, welche Erweiterungen *OneNote* in Zukunft sonst noch spendiert bekommen wird.

6.4 *OneNote Class Notebooks* (Kursnotizbücher)

Microsoft will *OneNote* mit all seinen Möglichkeiten also vor allem im Bildungsbereich etablieren. Die Macher sehen offenbar viel Potenzial an Schulen und Hochschulen. Dazu ist es aber auch dringend erforderlich, die Bedürfnisse von Lehrern und Schülern zu erkennen und zu verstehen.

In der Grundausstattung bietet *OneNote* ja bereits viele Möglichkeiten, um das Leben von Dozenten und Lehrkräften leichter zu machen. Die meisten davon hast Du bereits in diesem Buch kennengelernt. Mit den *„Class Notebooks"* hat *Microsoft* eine spezielle Erweiterung veröffentlicht, die nun komplett auf den Bildungssektor zugeschnitten ist.

Die *„Class Notebooks"* – zu deutsch: *„Kursnotizbücher"* - ergänzen *OneNote* um nützliche Funktionen für den Lehreralltag. Bevor ich die Erweiterung vorstelle, solltest Du wissen, dass es einen Haken gibt: Die *„Class Notebooks"* sind aktuell nur mit einem *Office365*-Konto nutzbar. *Office365* ist eine Art Abo-Variante für die *Microsoft-Office*-Programme, die per Online-Plattform verwaltet und über die meisten Bildungseinrichtungen kostenlos angeboten wird – für Lehrer und auch für Schüler.

Das heißt aber auch, dass wirklich alle Schüler in Deiner Klasse ein *Office365*-Konto anlegen müssen, wenn Du die Kursnotizbücher im Unterricht einsetzen möchtest. Meines Wissens gibt es in Deutschland bislang nur wenige Schulen, die konsequent auf *Office365* setzen und die dazugehörige Online-Plattform zur Standard-Anlaufstelle für alle Lehrer und Schüler gemacht haben.

Einfache Struktur im Kursnotizbuch

Anders als ein „normales" *OneNote*-Notizbuch besteht ein Kursnotizbuch grundsätzlich aus drei Bereichen:

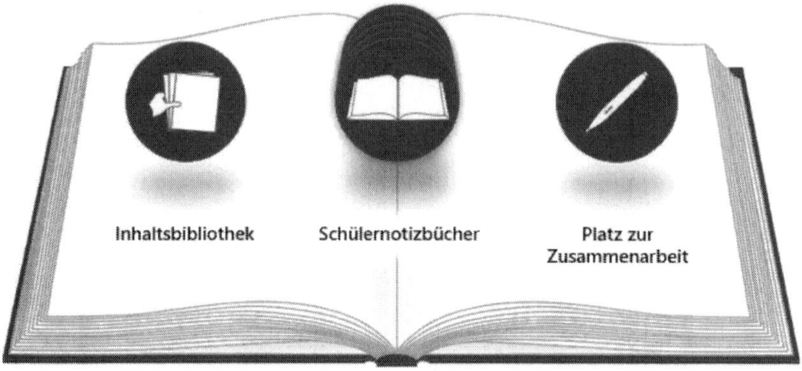

Abbildung 6.30: Struktur im OneNote-Kursnotizbuch

- In der *Inhaltsbibliothek* kannst Du sämtliches Lehrmaterial für Deinen Unterricht ablegen, zum Beispiel Texte, Arbeitsblätter oder sonstige Unterlagen. Nur Lehrer können hier Elemente hinzufügen, bearbeiten oder löschen. Schüler können zwar auf alle Seiten und Abschnitte in der *Inhaltsbibliothek* zugreifen, aber nichts bearbeiten oder gar löschen.

- Die *Schülernotizbücher* sind individuelle Notizbücher für jeden Schüler. Jeder Kursteilnehmer kann in seinen Abschnitten arbeiten, sieht aber nicht die Abschnitte der anderen Schüler. Lehrer wiederum können alle Schülernotizbücher einsehen, bearbeiten und mit Inhalten bestücken. Du kannst darin zum Beispiel Aufgaben Deiner Schüler korrigieren oder individuelle kommentieren. Außerdem kannst Du Arbeitsblätter gezielt an alle oder nur einzelne Schüler verteilen – ganz nach Bedarf.

- Der *Platz zur Zusammenarbeit* verhält sich wie ein eigenes Notizbuch, das mit allen Teilnehmern geteilt wurde. Darin können Schüler gemeinsam Inhalte erstellen oder im Team bearbeiten. Hier können sie zum Beispiel auch Gruppenarbeiten oder Ideensammlungen entstehen und verwaltet werden.

Auf Wunsch kannst Du im Kursnotizbuch einen zusätzlichen Bereich aktivieren: Unter *„Nur für Lehrer“* kannst Du Informationen und Dokumente ablegen, auf die nur Kollegen zugreifen können. Für Schüler ist der Bereich nicht sichtbar.

Unterm Strich können *Class Notebooks* vor allem dabei unterstützen, Inhalte noch strukturierter zu verwalten und gezielter an Schüler und Kollegen zu verteilen. Wenn Du sie in der Klasse konsequent nutzt, kannst Du darin zum Beispiel auch Hausaufgaben kontrollieren und individuell Feedback geben.

OneNote-Kursnotizbuch erstellen und einrichten

Wir legen ein erstes Kursnotizbuch gemeinsam an. Logge Dich zuerst mit Deinem Konto auf der *Office365*-Website ein. Die *„Class Notebooks"* findest Du als Menü-Eintrag bei den Anwendungen oder unter diesem Link:

https://www.onenote.com/classnotebook

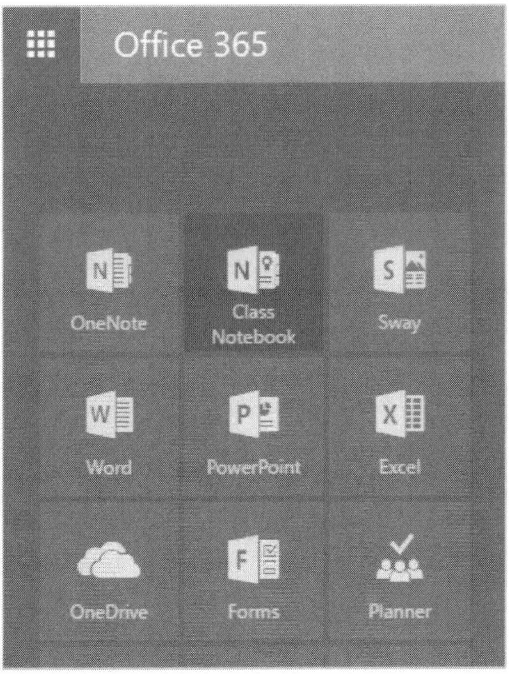

Abbildung 6.31: App-Menü in Office365

Auf der Startseite wirst Du begrüßt und kannst direkt Dein erstes Kursnotizbuch erstellen. Von hier aus kannst Du später auch verwalten, wer jeweils auf Deine Notizbücher zugreifen darf.

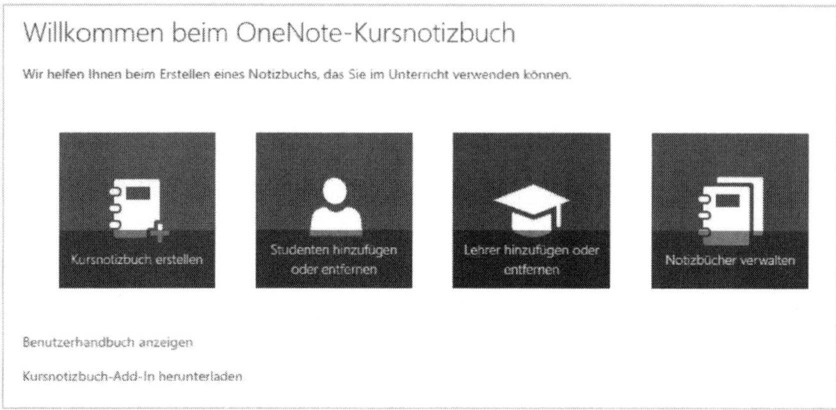

Abbildung 6.32: Startseite der OneNote Class Notebooks

Klicke auf *„Kursnotizbuch erstellen"* und vergib einen Titel für das neue Notizbuch, so wie Du es bereits aus *OneNote* in der Standard-Version kennst. Du wirst im weiteren Verlauf Schritt für Schritt an die Hand genommen und kannst zum Beispiel direkt bestimmen, welche Schüler mit *Office365*-Konto auf das jeweilige Kursnotizbuch zugreifen dürfen.

Lies Dir die Hinweise auf den folgenden Seiten gut durch und wähle jeweils die entsprechenden Optionen aus. Du kannst dabei auch schon festlegen, welche Abschnitte alle Schülernotizbücher von Beginn an enthalten sollen.

Abbildung 6.33: Standard-Abschnitte für Schülernotizbücher festlegen

Füge bei Bedarf einfach weitere Abschnitte hinzu. Wie immer gilt: Je mehr Gedanken Du Dir jetzt schon über eine sinnvolle Notizbuch-Struktur machst, desto mehr Überblick hast Du bei der Arbeit in *OneNote*.

Im letzten Schritt kannst Du anhand einer Vorschau noch einmal überprüfen, ob Dein Kursnotizbuch nun wie gewünscht angelegt werden kann:

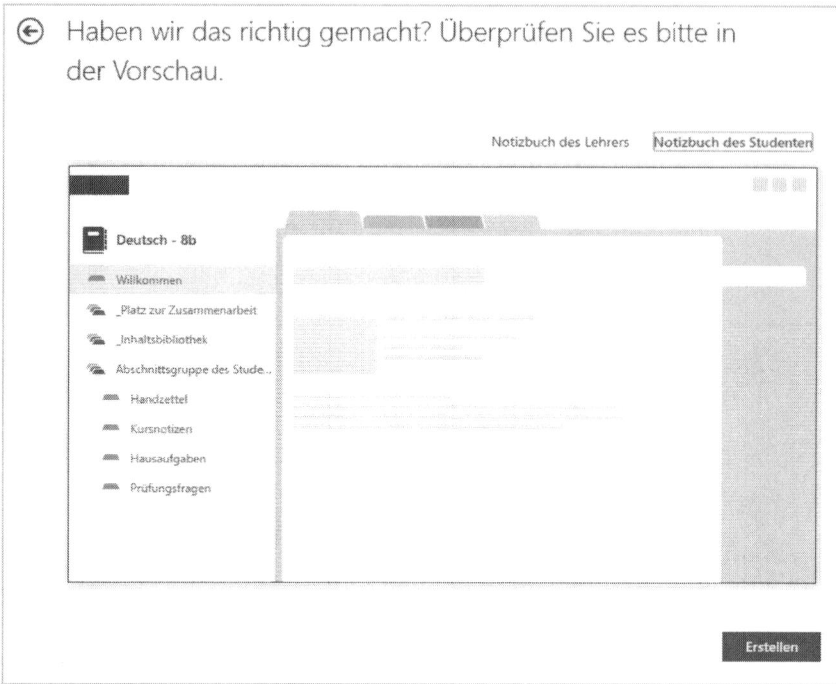

Abbildung 6.34: Kursnotizbuch in der Vorschau

Jetzt kannst Du direkt damit beginnen, Deine Inhaltsbibliothek mit Unterrichtsmaterial zu befüllen – wahlweise online oder auch im Desktop-Programm, wenn Du das Notizbuch darin öffnest und synchronisierst. Das Prinzip mit Abschnitten und Seiten funktioniert so, wie Du es bislang schon von *OneNote* kennst.

Add-In für Class Notebooks installieren

Du solltest Dir auf jeden Fall noch das praktische Add-In für die *Class Notebooks* herunterladen. Mit dieser Erweiterung kannst Du Deine Kursnotizbücher in der Desktop-Version von *OneNote* verwalten und bearbeiten – auch wenn diese grundsätzlich in der *Office365*-Cloud liegen.

Du findest den Download für die Erweiterung ebenfalls auf der Website. Nach der Installation hast Du in der Menüleiste oben einen komplett neuen Reiter mit vielen neuen Funktionen zur Verfügung:

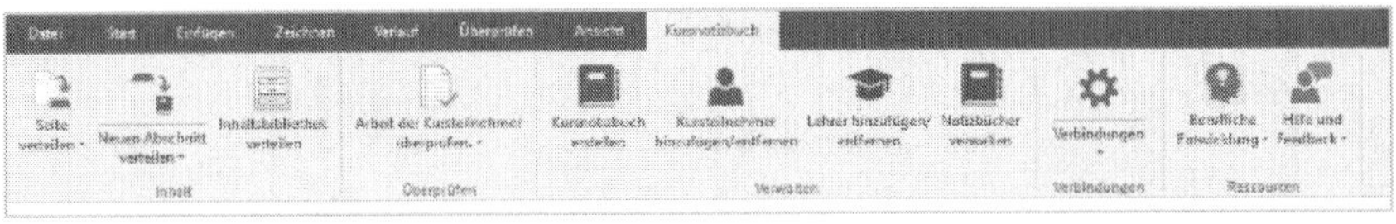

Abbildung 6.35: Neue Funktionsleiste in OneNote

Dank der Beschriftungen unter den Symbolen sind die einzelnen Funktionen selbsterklärend: Du kannst zum Beispiel Inhalte aus *OneNote* gezielt auf die Schülernotizbücher verteilen oder neue Teilnehmer hinzufügen. Schau Dir die Optionen wieder gut an, damit Du sie kennenlernst und demnächst selbstständig nutzen kannst.

Für Deine ersten Schritte sind übrigens die Hinweise und Erklärungen hilfreich, die Du auf den Standard-Seiten in Deinem neuen Kursnotizbuch findest.

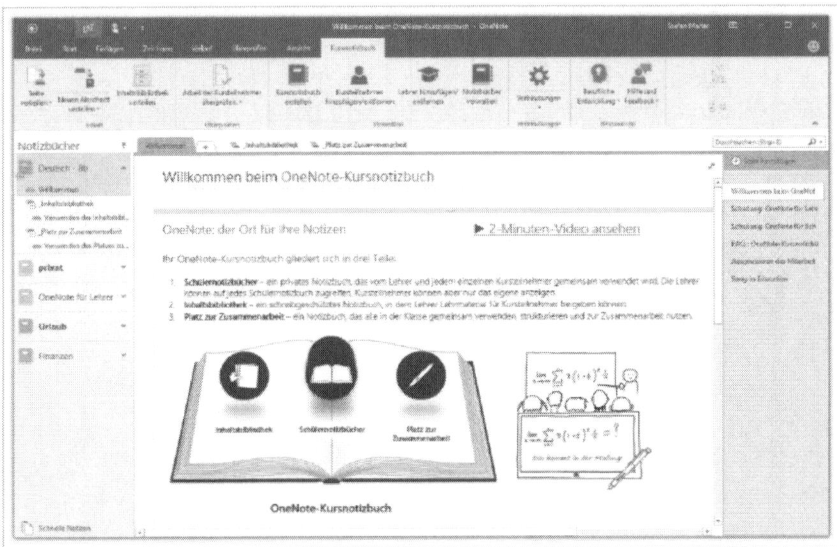

Teil 7

Bonus-Material

OneNote lieben lernen

7.1 *OneNote*-App auf einem Tablet-PC einrichten und nutzen

Das *Surface Pro* von *Microsoft* ist einer der populärsten und leistungsstärksten 2-in-1-Tablet-PCs auf dem Markt. Vor allem im Zusammenspiel mit *OneNote* spielt diese recht neue Geräte-Gattung ihre Stärken voll aus. In diesem Kapitel erfährst Du, wie Du *OneNote* auf einem *Windows*-Tablet einrichtest und dank Touch-Bedienung sowie einem zusätzlichen Stift sinnvoll nutzen kannst.

Abbildung 7.1: Microsoft Surface Pro 4

Microsoft macht Dir den Start besonders einfach: Bei einem vorinstallierten *Windows 10* ist als *Universal App* auch schon einsatzbereit. Ich habe Dir bereits zu Beginn in diesem Buch erklärt, dass es verschiedene Versionen von *OneNote* gibt: *OneNote* als klassisches Desktop-Programm mit vollem Funktionsumfang und *OneNote* als universelle *Windows-App* mit vereinfachter Oberfläche, dafür optimiert für Touch-Bildschirme.

Du findest die App als *OneNote*-Kachel direkt im neuen Startmenü. Bevor Du *OneNote* öffnest, solltest Du im *Windows Store* prüfen, ob es ein Update für eine neuere Version der App gibt – und diese dann ggf. erst zu installieren.

Beim ersten Start begrüßt Dich die *OneNote*-App mit einer kurzen Einführung:

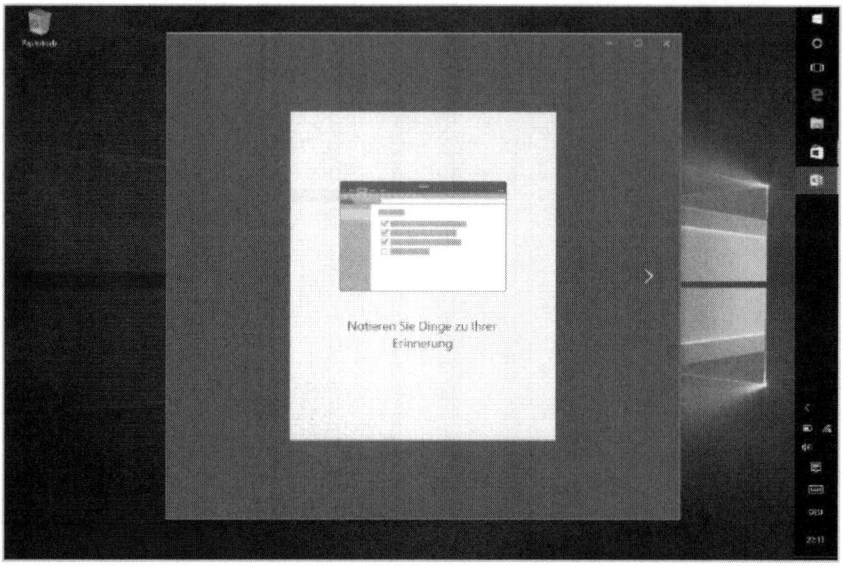

Abbildung 7.2: Erster Start der OneNote-App

Wenn Du *Windows 10* auf Deinem dem Gerät bereits mit einem *Microsoft*-Konto verknüpft hast, kann die App sofort auf Deine *Online*-Notizbücher zugreifen. Sonst wird Dich die App jetzt nach den Zugangsdaten fragen.

Jeder Tablet-PC profitiert von der Touch-Bedienung. Darauf ist eben auch die *OneNote*-App ausgelegt: Alle Icons und Reiter werden groß genug dargestellt, so dass Du sie mit dem Finger oder mit einem meist zusätzlich erhältlichen Stift problemlos und gezielt anwählen kannst. (Beim *Surface Pro 4* gehört der *Surface Pen* fest zum Lieferumfang.)

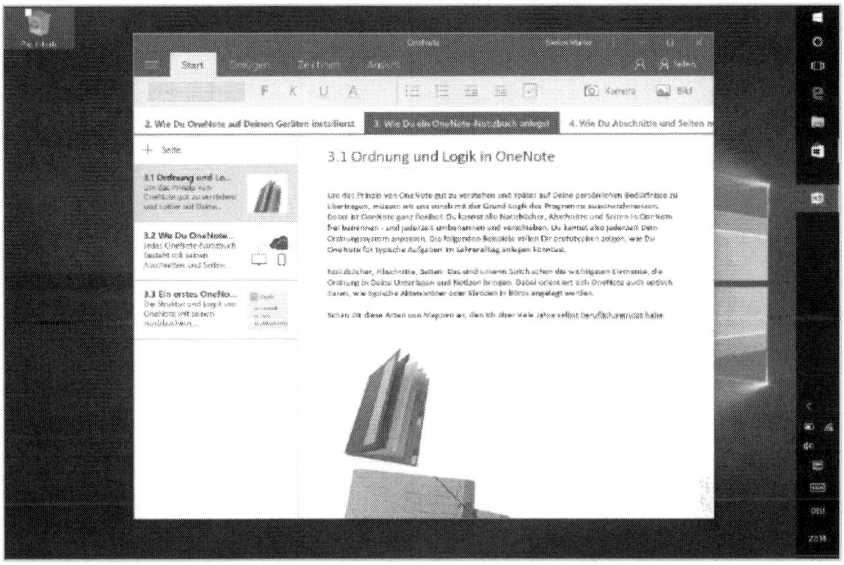

Das gilt auch für die Auswahl in den Einstellungen, die Du über das sogenannte „Hamburger-Menü“ links oben in der App erreichst, also die drei waagerechten übereinander angeordneten Striche. Dort findest Du auch die Option, weitere Notizbücher parallel zu öffnen.

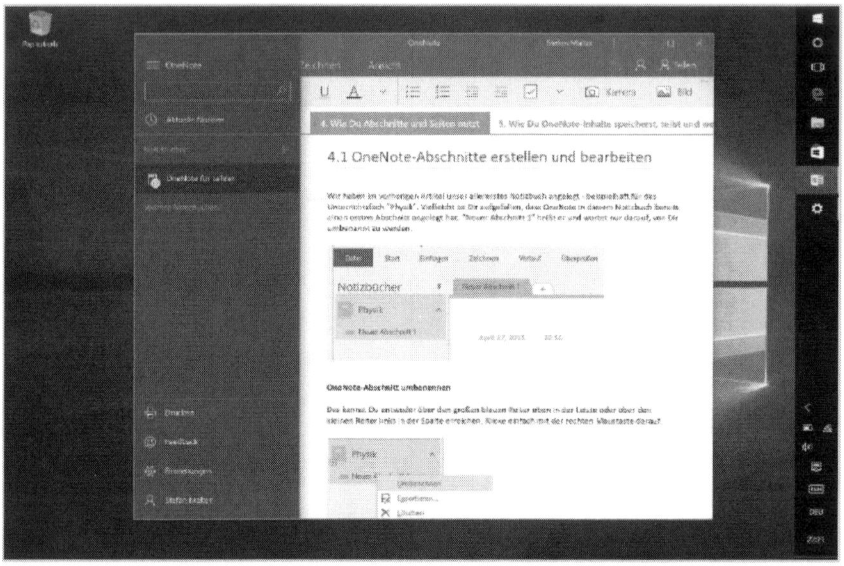

Anders als die Desktop-Version von *OneNote* kann die *Universal*-App übrigens nur Notizbücher öffnen, die in der *Microsoft*-Cloud *OneDrive* gespeichert sind und daher bequem auf allen Geräten synchronisiert werden können. Wenn Du unterwegs bist und keine WLAN-Verbindung zur Verfügung hast, kannst Du die in der App geöffneten Notizbücher natürlich wie gewohnt auch offline nutzen und bearbeiten. Sobald Dein Gerät wieder mit dem Internet verbunden ist, kannst Du die Änderungen synchronisieren lassen. Die Vorteile und Nachteile der unterschiedlichen Speicherorte habe ich in einem früheren Kapitel bereits ausführlich beschrieben.

Windows 10 bekommt regelmäßig neue Funktionen für die Bedienung per Stift spendiert. Im Zusammenspiel mit *OneNote* wird ein Tablet-PC so zum digitalen Notizblock, und Du kannst jede Menge Papier sparen. Die Zeichen-Funktionen kannst Du aber auch an jedem Desktop-PC nutzen, zum Beispiel in Verbindung mit einem Grafiktablett.

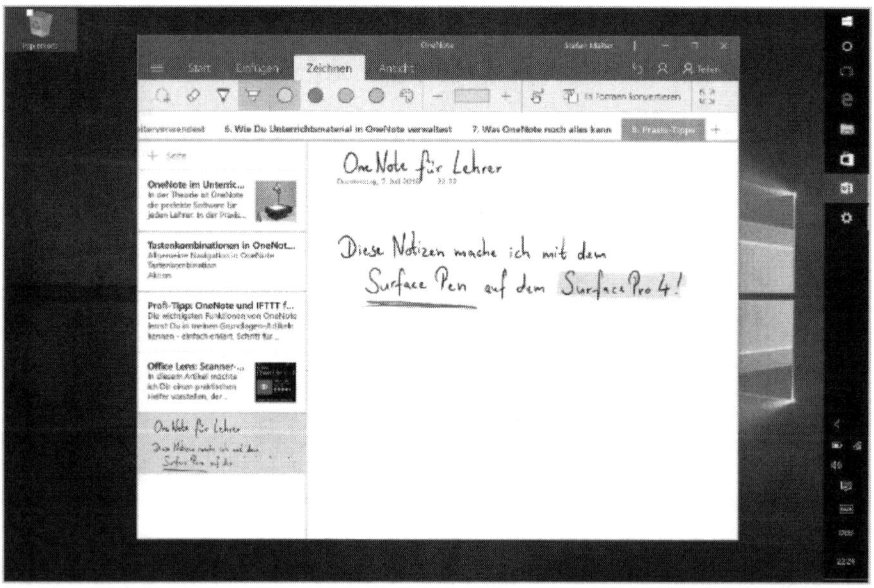

Abbildung 7.3: Handschriftliche Notizen in OneNote

Wer dem Stift eine Chance gibt, wird sich schnell an das Schreib-Gefühl auf dem Display gewöhnen und die Möglichkeit schneller Notizen in Handschrift nicht mehr missen wollen.

Besonders praktisch: Über den Reiter *„Zeichnen"* in der Funktionsleiste kannst Du die Farbe und Strichstärke anpassen und Deine Notizen und Skizzen so noch besser an Deine Bedürfnisse anpassen. Um einzelne Sätze oder Wörter hervorzuheben, gibt es auch eine Textmarker-Funktion. Du hast Dich verschrieben oder möchtest etwas korrigieren? Kein Problem: Auch ein Radiergummi findest Du in der Funktionsleiste!

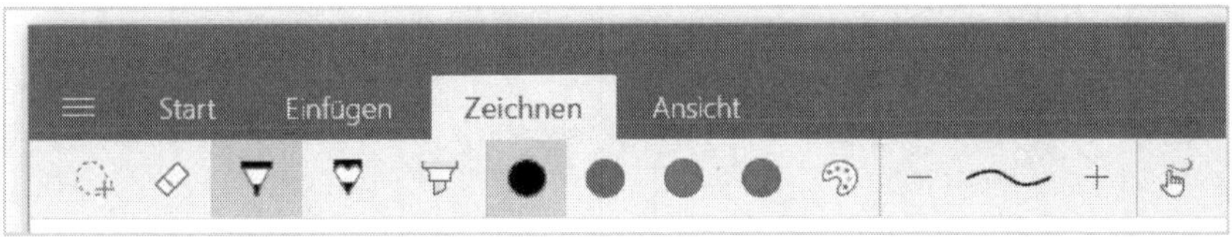

Abbildung 7.4: „Zeichnen"-Menü in der OneNote App

Übrigens: Wenn Du den *Surface Pen* umdrehst, kannst Du den Button auf der hinteren Seite ebenfalls als Radiergummi benutzen – wie bei einem besseren Bleistift. Das geht in vielen Fällen noch schneller.

Dank der Stiftbedienung kannst Du also viel Zeit sparen, wenn Du zum Beispiel bei einer Konferenz Protokoll führen musst oder bei einer mündlichen Prüfung etwas mitschreiben willst. Du kannst Deine Notizen währenddessen per Stift auf einer *OneNote*-Seite machen. Die Handschrift-Erkennung, die Du im nächsten Kapitel kennenlernst, macht aus Deinen Notizen einen für alle lesbaren Text. Das mühsame Abtippen Deiner „Sauklaue" kannst Du Dir so in Zukunft sparen.

7.2 Handschrift-Erkennung in *OneNote*

Wie die Stiftbedienung in der *OneNote*-App funktioniert, habe ich Dir im vorangegangenen Kapitel gezeigt. Bislang bietet aber nur die Desktop-Version von *OneNote* im Umgang mit Handschrift den entscheidenden Vorteil: Sie kann Deine handschriftlichen Notizen erkennen und in wenigen Sekunden in einen getippten Text umwandeln. Wie das funktioniert, zeige ich Dir in diesem Kapitel.

Alle Optionen rund um Handschrift findest Du auch hier in der Funktionsleiste unter dem Reiter *„Zeichnen"*:

Abbildung 7.5: „Zeichnen"-Menü in der Desktop-Version

Wähle zum Schreiben und Zeichnen zunächst einen der vorgegebenen Stifte aus. Über das Auswahlfeld *„Farbe und Stärke"* rechts daneben kannst Du zudem die Stiftstärke und die Farbe bei Bedarf auch anpassen. In diesem Beispiel nutze ich einen einfachen dünnen schwarzen Stift.

Lege eine neue *OneNote*-Seite an. Statt den Titel der Seite aber wie gewohnt per Tastatur einzugeben, schreibe ich die Überschrift diesmal direkt mit dem Stift auf dem Tablet. Keine Sorge: Mit ein wenig Übung gelingt Dir das fast so gut wie mit einem klassischen Kugelschreiber auf Papier!

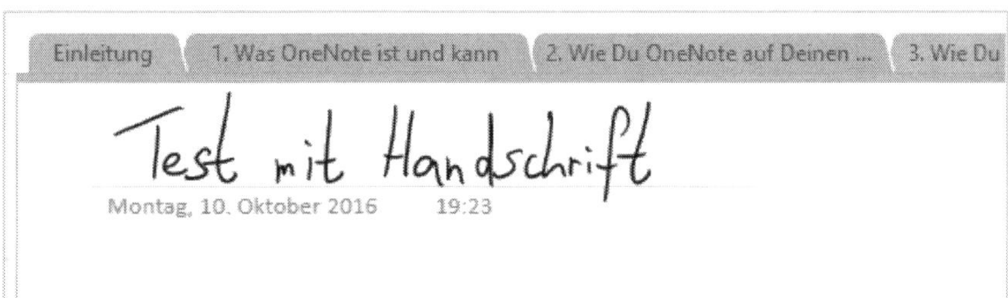

Abbildung 7.6: Handschriftlicher Titel auf OneNote-Seite

Wie gut funktioniert nun die Handschrift-Erkennung in **OneNote**? Rechts oben in der Funktionsleiste findest Du die Option *„Freihand in Text"*.

Abbildung 7.7: Funktion „Freihand in Text"

Wir probieren sie direkt aus. Du musst dafür nur einmal auf das entsprechende Symbol klicken. Schon wird aus Deiner Handschrift ein richtiger – im besten Fall auch korrekt umgewandelter – Text:

Abbildung 7.8: Umgewandelter Titel in OneNote

Die Handschrifterkennung funktioniert von Haus aus schon erstaunlich gut, auch bei längeren Sätzen und unbekannteren Begriffen. Vor allem wenn Dein handgeschriebener Text in einzelnen Buchstaben statt in Schreibschrift sowie in eindeutigen Zeilen untereinander notiert ist, kann *OneNote* Deine Aufzeichnungen meist sehr gut deuten.

Immer wenn Du auf die Funktion *„Freihand in Text"* klickst, werden sämtliche handschriftlichen Notizen auf der aktuellen *OneNote*-Seite umgewandelt. Falls Du mal nur einen Teil davon konvertieren möchtest, kannst Du diesen Teil vorher über die *„Lassoauswahl"* aus der Funktionsleiste gezielt markieren.

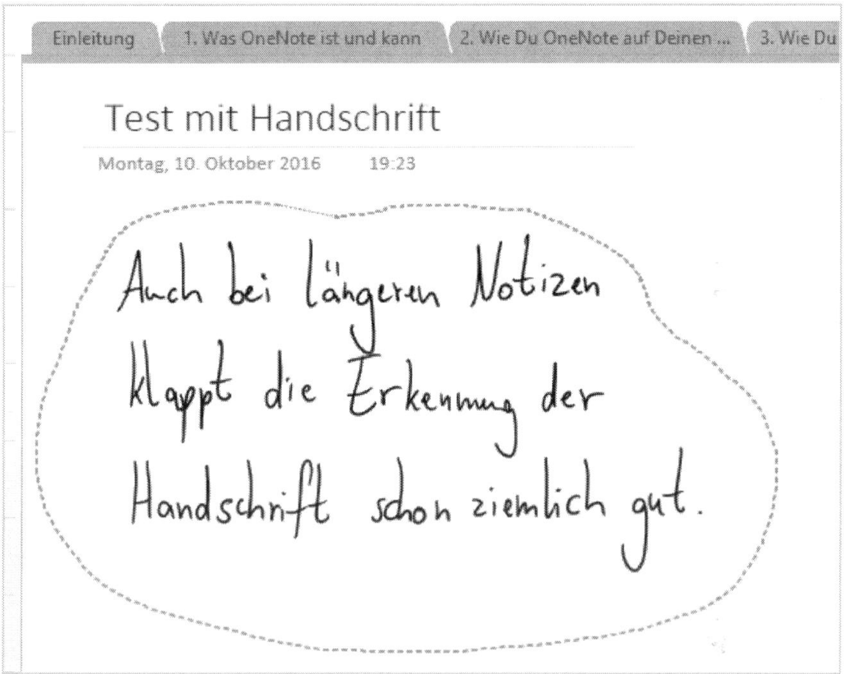

Abbildung 7.9: Per „Lassoauswahl" markierter Text

Auch wenn die Handschrift-Erkennung insgesamt schon ziemlich ausgereift wirkt: Ich empfehle Dir, Deine umgewandelten Texte trotzdem immer zu prüfen – auch auf Rechtschreibung und Satzzeichen. In diesem Beispiel ist nur ein Leerzeichen zu viel eingefügt worden. Wenn aber mal ein ganzes Wort falsch erkannt wird, kann das je nach Situation viel peinlichere Folgen haben.

Abbildung 7.10: Umgewandelter Text

Mathematische Gleichungen erkennen und umwandeln

Über die Funktion *„Freihand in Gleichung"* werden sich vor allem Mathe-Lehrer freuen. Mathematische Ausdrücke wie Brüche oder komplexe Formeln lassen sich oft nur mühsam per Tastatur eingeben. Dabei muss man am Computer oft Kompromisse eingehen, weil meist nicht alle erforderlichen Sonderzeichen ohne Weiteres zur Verfügung stehen. *OneNote* hilft Dir nach Möglichkeit dabei, handschriftliche Gleichungen in eine gedruckte Textform zu bringen.

Wähle die Funktion einfach mal aus. Du findest sie ebenfalls in der Leiste oben – direkt rechts neben *„Freihand in Text"*. *OneNote* öffnet zunächst ein kleines Fenster. Auf der karierten gelben Fläche kannst Du nun per Stift eine beliebige Formel eingeben. *OneNote* erkennt diese umgehend und gibt sie nach wenigen Sekunden in dem Textfeld darüber wieder.

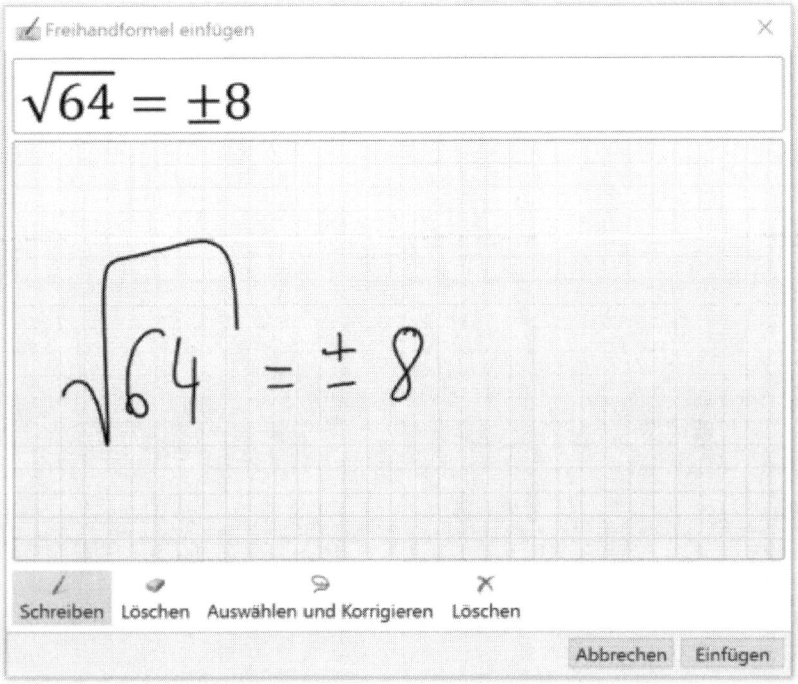

Abbildung 7.11: Freihandformel einfügen

Du kannst einzelne Teile Deiner Notiz auch noch korrigieren, falls es bei einer komplexeren Formel nötig sein sollte oder etwas nicht korrekt erkannt wird. Wenn Du zufrieden bist und auf *„Einfügen"* klickst, landet Deine Gleichung als gut lesbarer Text schließlich auf der *OneNote*-Seite. Du kannst den Text natürlich wie gewohnt noch bearbeiten, also zum Beispiel die Größe, Farbe oder Schriftart ändern. Beachte dabei, dass nicht jede Schriftart alle mathematischen Zeichen korrekt darstellen kann.

Wenn Du auf einer *OneNote*-Seite nur einen Teil einer handschriftlichen Notiz in eine Gleichung umwandeln möchtest, musst Du diesen erst wieder über die Funktion *„Lassoauswahl"* markieren. Im nächsten Schritt wird dann nur dieser Teil in die karierte Zeichenfläche eingefügt und entsprechend umgewandelt.

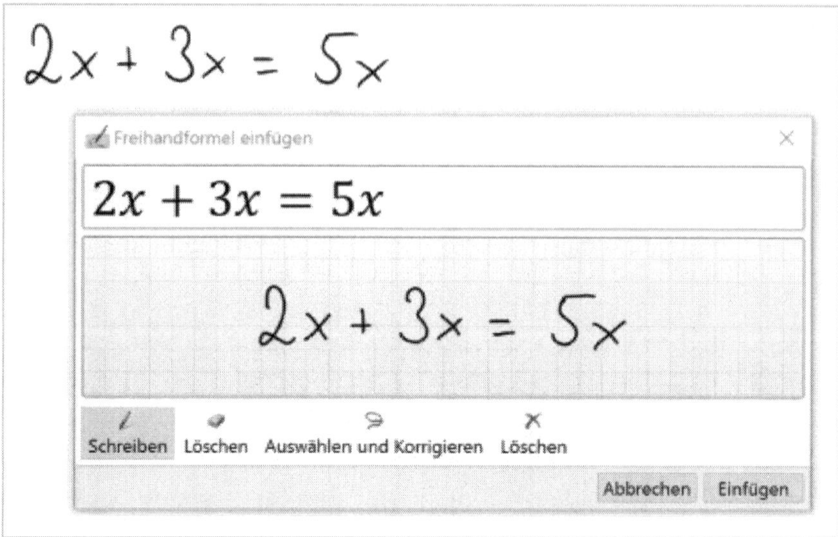

Abbildung 7.12: Gleichung in OneNote wird erkannt

Die Handschrift-Erkennung ist bislang leider nicht in der *OneNote*-App verfügbar, obwohl diese ja eigentlich für Tablet-PCs mit Stiftbedienung ausgelegt ist. Wie bereits mehrfach in diesem Buch beschrieben unterscheiden sich die *OneNote*-Versionen in ihren Funktionen leider stark. Der unterschiedliche Entwicklungsstand kann für Anwender oft verwirrend sein. So kann die *OneNote*-App dafür zum Beispiel gezeichnete Formen erkennen und umwandeln. Diese Möglichkeit stelle ich Dir im nächsten Kapitel vor.

7.3 Gezeichnete Formen erkennen und umwandeln

Die *Microsoft*-Entwickler lassen sich immer wieder neue Funktionen einfallen, um *OneNote* besser zu machen. Gerade für schnelle Skizzen kann die sogenannte Formenerkennung (engl.: *shape recognition*) eine wertvolle Hilfe sein.

Manchmal möchtest Du vielleicht einen Sachverhalt erklären und dafür auf einer *OneNote*-Seite kleine Skizzen zeichnen. Je nach Situation können das für eine Visualisierung zum Beispiel Vierecke oder Kreise sein. Ich kenne Deine Zeichen-Fähigkeiten nicht, aber vermutlich sehen die Formen bei Dir ähnlich krakelig aus wie bei mir:

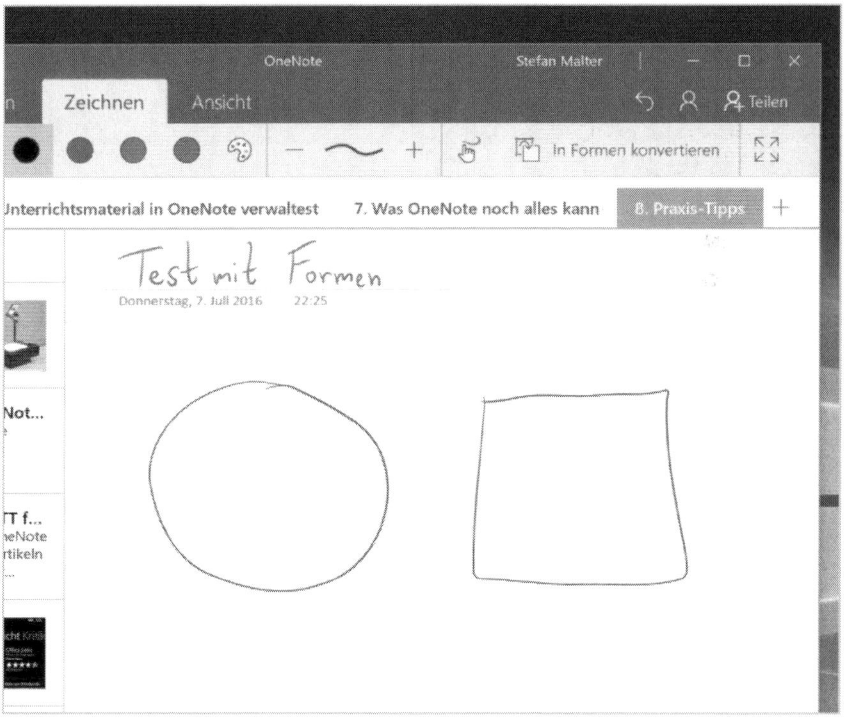

Abbildung 7.13: Gezeichnete Formen in der OneNote-App

Das Ergebnis würde auf echtem Papier wohl auch nicht viel besser aussehen als hier auf dem Tablet-PC in der *OneNote*-App. *OneNote* kann Dir nun also dabei helfen, Deine per Hand gezeichneten Formen auf Wunsch zu glätten. So werden aus krakeligen Entwürfen wie von Zauberhand ansehnliche Skizzen:

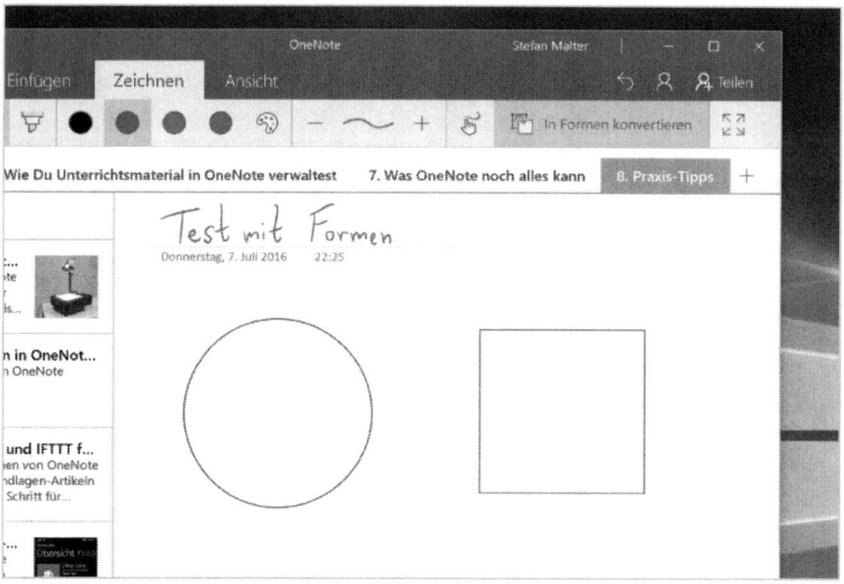

Abbildung 7.14: Begradigte Formen in der OneNote-App

So einfach funktioniert's:

Wähle in der Funktionsleiste oben in der App den Reiter *„Zeichnen"* aus – per Finger-Tipp oder Mausklick. Dort kannst Du die automatische Formenerkennung über den Button *„In Formen konvertieren"* ein- und ausschalten.

Abbildung 7.15: Funktion „In Formen konvertieren"

Ab sofort kann *OneNote* Deine per Finger oder Stift gezeichneten Formen sofort erkennen und im besten Fall auch direkt glätten. Die Erkennung klappt ziemlich zuverlässig – übrigens nicht nur bei typischen Standard-Formen wie Kreisen und Quadraten. Auch Dreiecke, Rauten, Ellipsen und einige weitere Gebilde kannst Du so in *OneNote* ganz einfach erstellen und erkennen:

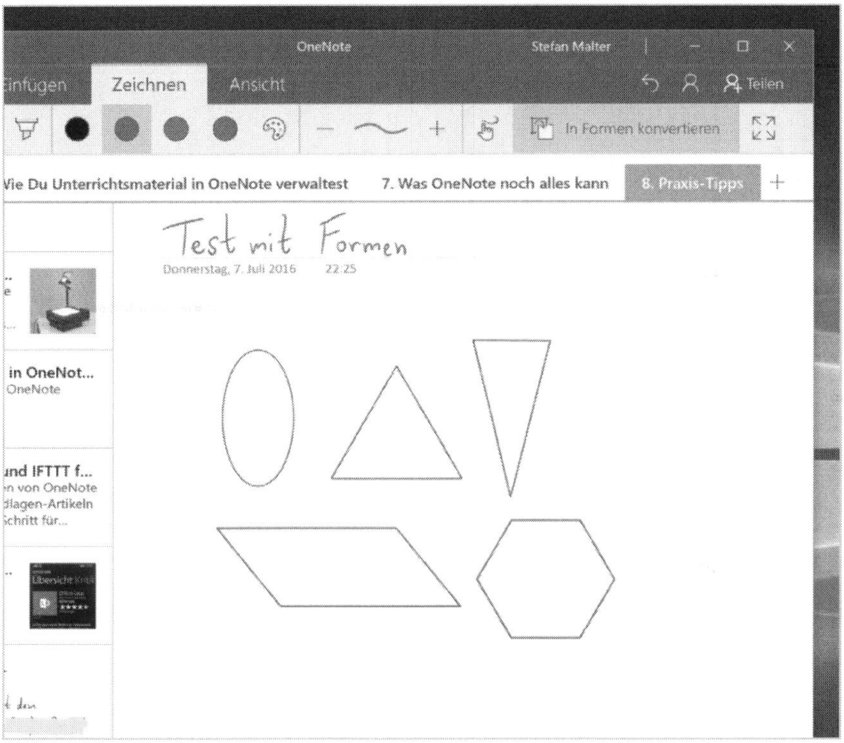

Abbildung 7.16: verschiedene Formen in der OneNote-App

Warum diese Funktion bislang ausschließlich in der *OneNote*-App für *Windows* und *iOS* auftaucht, wird wohl eines der vielen *Microsoft*-Geheimnisse bleiben. In der Desktop-Version würde ich mir die Formenerkennung in Zukunft natürlich auch wünschen.

7.4 Praxis-Beispiel: *OneNote*-Seiten abdecken wie am Overheadprojektor

In der Theorie ist *OneNote* die perfekte Software für jeden Lehrer. In der Praxis kann man immer wieder mal an die Grenzen der digitalen Flexibilität stoßen. Das gilt erst recht, wenn man sich über Jahre an bestimmte analoge Arbeitsweisen gewöhnt hat. Dann ist Deine Kreativität gefragt!

Sehr gefreut habe ich mich über die E-Mail eines Realschullehrers aus Bayern, der meinen Blog *„OneNote für Lehrer"* regelmäßig verfolgt. Er ist in seinem Schulalltag auf ein praktisches Problem gestoßen, für das *OneNote* auf Anhieb noch keine interne Lösung anbietet. Er verwendet *OneNote* nicht nur für seine Unterrichtsvorbereitung, sondern präsentiert Aufzeichnungen und Skizzen mit Hilfe von *OneNote* direkt im Unterricht:

„Hier wäre es schön, wenn man ähnlich wie früher am Overheadprojektor einen Teil abdecken könnte, damit die Kids nicht immer alles sehen. Ich finde aber bei OneNote dafür keine Möglichkeit. Extra dafür ein anderes Programm öffnen [...], finde ich kompliziert und unprofessionell. Hätten Sie vielleicht dafür eine Idee?"

Abbildung 7.17: Overheadprojektor

Die beschriebene Methode ist sicher allen bekannt: Auch zu meiner Schulzeit haben Lehrer im Unterricht oft mit Folien gearbeitet und diese per Overheadprojektor an die Wand projiziert. Um Inhalte erst nach und nach zu zeigen – zum Beispiel einzelne Textteile, Beschriftungen von Bildern oder Lösungswege von Rechnungen -, haben sie die Folien teilweise mit Papier abgedeckt.

Mir persönlich ist keine vergleichbare Lösung bekannt, die *OneNote* von Haus aus anbietet. Natürlich habe ich mich deshalb gefragt, wie ich dieses Problem in der Praxis lösen würde. Mir sind zwei Möglichkeiten dazu eingefallen. Vielleicht kann ich dem ein oder anderen Lehrer / Leser damit ja ein Stück weiterhelfen:

Möglichkeit A:
Präsentation auf mehreren OneNote-Seiten

Diese Methode bietet sich an, wenn man vorher schon genau weiß, welche Inhalte man in welcher Reihenfolge nach und nach aufdecken möchten. Ähnlich wie bei einer *PowerPoint*-Präsentation würde ich die Inhalte direkt auf mehrere Seiten verteilen bzw. diese von Seite zu Seite nacheinander einblenden.

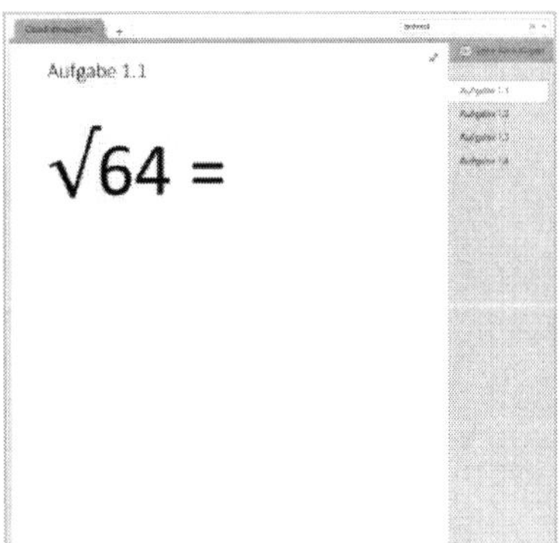

Seite 1

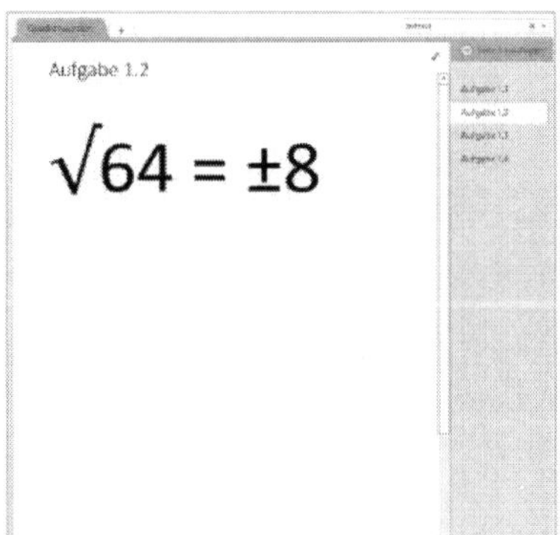

Seite 2

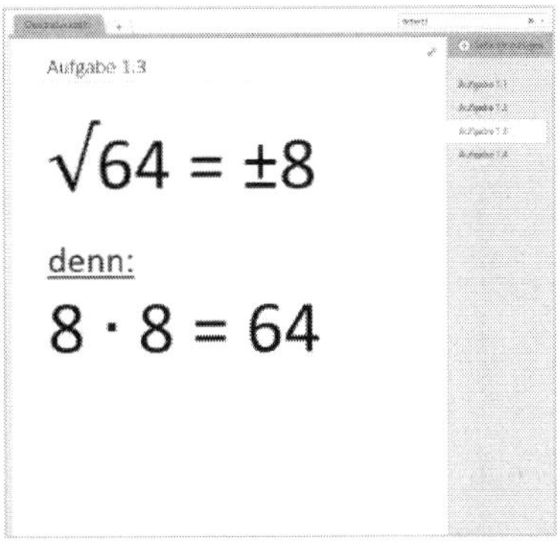

Seite 3

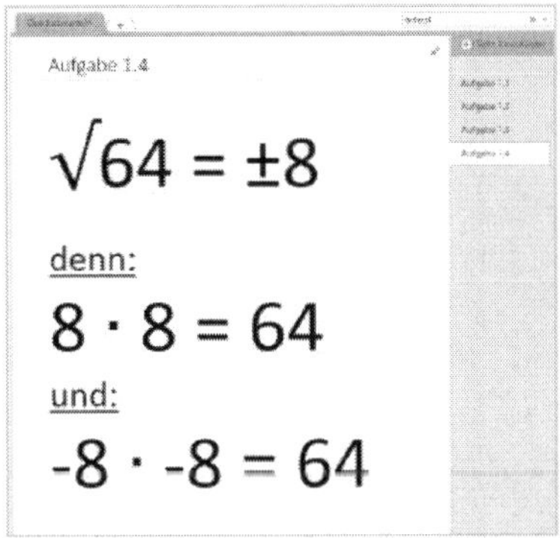

Seite 4

Du erstellst also am besten zuerst die komplette *OneNote*-Seite mit allen dazugehörigen Inhalten, die am Ende zu sehen sein sollen (*in diesem Beispiel Seite 4*). Dann musst Du quasi rückwärts denken: Du kopierst die Seite und löschst gezielt das, was die Kids am Anfang noch nicht sehen sollen. Die erste Seite kannst Du dann im Unterricht auch zuerst anzeigen.

Alternativ gibt es natürlich immer noch die Präsentations-Software *PowerPoint*, die ebenfalls Teil von *Microsoft Office* ist und für diesen Zweck sicher die bessere Lösung ist.

Möglichkeit B:
Weiße Fläche zum Abdecken

Diese Methode wirkt vielleicht auf den ersten Blick nicht so galant, kommt dem materiellen Abdeckblatt in der beschriebenen Situation aber wohl am nächsten: Du erstellst in einem Zeichenprogramm – z.B. mit *Paint* – eine weiße Fläche.

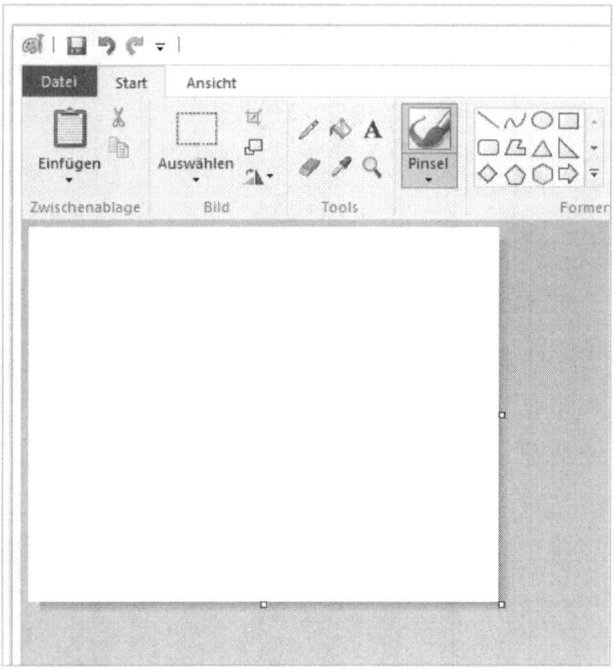

Abbildung 7.18: weißes Rechteck in Microsoft Paint

Dieses Rechteck speicherst Du auf Deinem Computer ab, z.B. auf dem Desktop. Danach fügst Du es die Bilddatei wie gewohnt in *OneNote* ein. Du kannst nun die Größe und Position der Fläche nach Belieben verändern und so mit diesem Rechteck gezielt Teile der aktuellen Seite abdecken.

Ich habe diese Methode einmal zum besseren Verständnis vorbereitet. Für das Fach Musik habe ich mit dem weißen Rechteck die Bezeichnungen für einzelne Bestandteile eines Cellos abgedeckt.

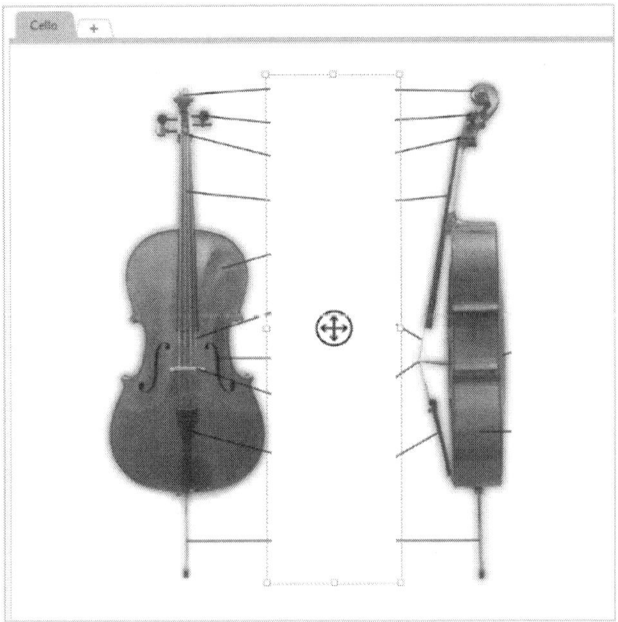

Im Unterricht schiebst Du die Fläche dann einfach zur Seite oder löschst sie, so dass die weiteren Inhalte zum Vorschein kommen.

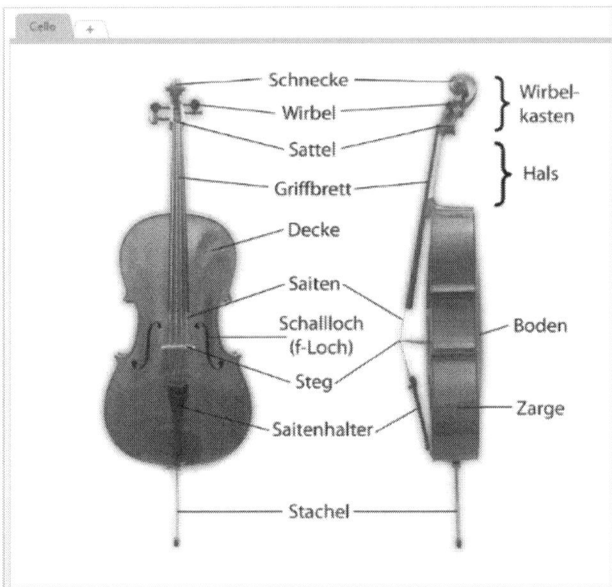

Natürlich darfst Du vor dem nächsten Einsatz nicht vergessen, die Fläche wieder an ihre ursprüngliche Position zu setzen.

Ich weiß: Beide Methoden sind nur „Workarounds" und jeweils keine perfekte Vorgehensweise für das beschriebene Problem. Darum geht es mir bei diesem Praxis-Beispiel aber auch gar nicht. Mir ist es wichtig zu vermitteln, dass Du mit ein wenig Flexibilität, Kreativität und Ideenreichtum noch viel mehr aus *OneNote* herausholen kannst, als das Programm von Haus aus anbietet. In jedem Fall hoffe ich, dass Du viel Spaß beim Ausprobieren der Funktionen hast.

Teil 8

Hausaufgaben

Mehr *OneNote* entdecken

8.1 Weitere *OneNote*-Funktionen selbstständig entdecken

Am liebsten würde ich Dir in diesem Buch wirklich alle Funktionen vorstellen, die *OneNote* bietet. Ich weiß aber auch, dass das den begrenzten Rahmen eines praktischen Ratgebers für Einsteiger sprengt. Außerdem werden die Entwickler bei *Microsoft* nicht müde, immer weitere praktische Funktionen zu integrieren. Da kann ein gedrucktes Buch gar nicht hinterherkommen und einen Anspruch auf Vollständigkeit sowieso nicht erfüllen.

Mein Ziel war es, Dich mit diesem Buch für die vielen tollen Möglichkeiten der Software zu begeistern und Dir den Einstieg mit *Microsoft OneNote* so einfach wie möglich zu gestalten – speziell auf Deine persönlichen Bedürfnisse als Lehrkraft oder Dozent zugeschnitten. Ich hoffe, dass mir das ein wenig geglückt ist.

Weitere Anregungen und Neuigkeiten rund um *Microsoft OneNote* findest Du in meinem Blog *„OneNote für Lehrer"*, der übrigens auch bei *Facebook* und *Twitter* vertreten ist. Schau doch gerne mal vorbei!

Zuletzt möchte ich Dir jetzt noch ein paar Hausaufgaben aufgeben. Keine Sorge: Ich werde nicht kontrollieren, ob Du die Hausaufgaben wirklich machst. Ich möchte Dich so aber noch auf ein paar Funktionen in *OneNote* stoßen, die Du selbstständig entdecken kannst und die Dir das Leben als Lehrer noch einfacher machen können.

Ich wünsche Dir viel Spaß beim Entdecken und Ausprobieren. Dankeschön für Deine Aufmerksamkeit und die angenehme Zusammenarbeit!

8.2 Hausaufgaben

8.2.1 Suchfunktion

Mach Dich mit der Suchfunktion in OneNote vertraut. Je umfangreicher Deine Notizbuchsammlung wird, desto öfter wirst Du in die Verlegenheit kommen, nach einzelnen Inhalten suchen zu müssen. Das geht in der Regel blitzschnell – erst recht, wenn Du nur in bestimmten Bereichen suchst. Diese Option hast Du, wenn Du auf den kleinen Pfeil neben der Lupe klickst.

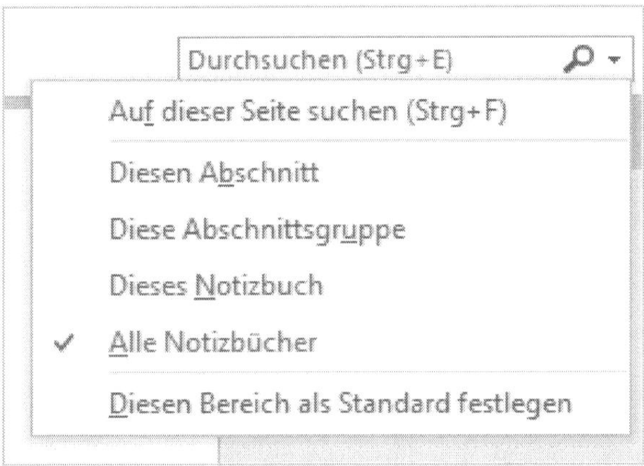

Abbildung 8.1: Suchfunktion in OneNote

8.2.2 Kategorien

Du kannst Deine Notizen in *OneNote* mit Kategorien versehen und so bei Bedarf noch besser sortieren. In der Vorauswahl in der Funktionsleiste findest Du schon jede Menge Beispiele für sinnvolle Kategorien – jeweils mit einem prägnanten Symbol versehen. Natürlich kannst die vorgegebenen Kategorien anpassen oder zusätzliche Kategorien erstellen.

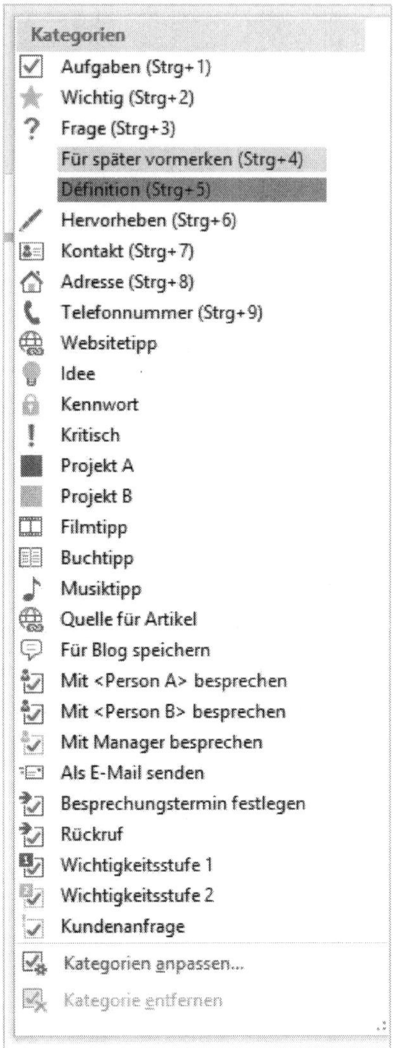

Abbildung 8.1: Kategorien in OneNote

Über die Funktion *„Kategorien suchen"* kannst Du Dir gezielt nur entsprechend markierte Notizen anzeigen lassen. Besonders praktisch finde ich die Kategorie *„Aufgaben"*. Sie fügt ein kleines Kästchen zu Deinen Notizen hinzu, und Du kannst erledigte Aufgaben einzeln Abhaken. So kannst Du mit *OneNote* auch eine persönliche ToDo-Liste oder einen Einkaufszettel verwalten.

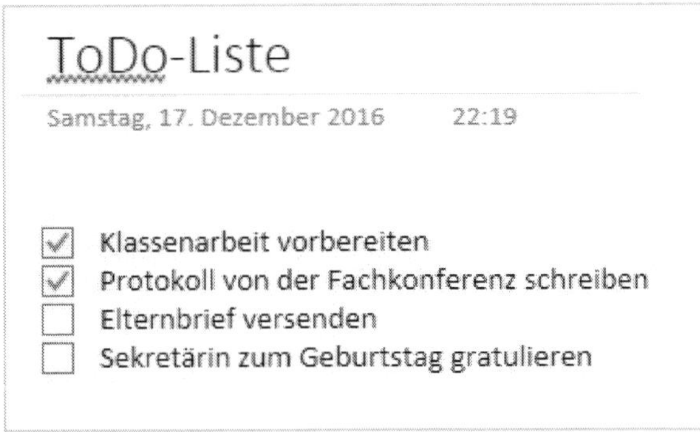

Abbildung 8.2: ToDo-Liste in OneNote verwalten

8.2.3 Audio / Video aufnehmen

Manchmal bist Du vielleicht gerade unterwegs, während Du einen spontanen Gedankenblitz hast. Diktiere ihn einfach direkt in *OneNote*. Dafür gibt es die Funktion *„Audio aufnehmen"*. Du findest sie in der Menüleiste oben unter dem Reiter *„Einfügen"*.

Abbildung 8.3: Audio / Video aufnehmen in OneNote

Eine weitere Einsatz-Möglichkeit für den Schulalltag kann es auch sein, dass Du Schülern per Audio-Aufnahme ein persönliches Feedback zu ihren Aufgaben gibst. Das ist in der Regel komfortabler und zeitsparender, als viele einzelne Texte verfassen zu müssen.

Voraussetzung für diese Funktion ist, dass Dein Gerät entweder ein eingebautes oder ein externes Mikrofon zur Verfügung hat. Das sollte heute bei den meisten Laptops oder Tablet-PCs der Fall sein. Alternativ findest Du die Funktion auch in Deiner Smartphone-App.

OneNote kann aber nicht nur Audio-Aufnahmen auf einer Seite hinterlegen. Wenn Du eine Webcam hast, kannst Du auf demselben Weg auch Video-Clips einfügen. Mit diesen multimedialen Möglichkeiten ist *OneNote* jedem Notizbuch aus Papier mehr als überlegen.

8.2.4 Online-Video einfügen

Guter Unterricht lebt von unterschiedlichem Medieneinsatz. Wie Du Fotos und Grafiken ganz einfach in *OneNote*-Seiten einfügst, habe ich Dir in diesem Buch ausführlich erklärt. Zusätzlich zu selbst aufgenommenen Videos kannst Du in Deinem digitalen Notizbuch auch Clips von bekannten Online-Plattformen wie *YouTube* oder *Vimeo* integrieren.

Um ein Video auf einer *OneNote*-Seite einzubetten, klickst Du unter dem Reiter *„Einfügen“* auf das Symbol *„Onlinevideo“*. Danach kannst Du den Link zur Video-Plattform eingeben. *OneNote* fügt dann eine Box mit einem Vorschaubild und einem Play-Button ein.

Um die Videos innerhalb von *OneNote* abzuspielen, benötigst Du trotzdem eine Internetverbindung. Praktisch ist die Funktion allemal, weil Du die Verweise zu den Videos dort ablegen kannst, wo sie inhaltlich sinnvoll sind. Außerdem musst Du nicht mehr zusätzlich einen Internet-Browser öffnen und dann umständlich zwischen mehreren geöffneten Fenstern in *Windows* hin- und herspringen.

Abbildung 8.3: Online-Video auf einer OneNote-Seite

8.2.5 Seitenversionen

Die Funktionen zur Zusammenarbeit gehören zu den wohl größten Mehrwerten, die *OneNote* zu bieten hat. Notizbücher einfach mit anderen Personen zu teilen und dann gemeinsam mit Inhalten zu füllen, kann Dir viel Zeit sparen und bei Aufbau einer tollen Materialsammlung helfen.

Es kann dabei aber auch passieren, dass Du mit der Änderung eines Kollegen nicht einverstanden bist oder noch einmal nachvollziehen möchtest, wie sich eine *OneNote*-Seite im Verlauf der Zeit verändert hat. Das ist mit der Funktion *„Seitenversionen"* kein Problem!

Klicke in der Seitenübersicht in der rechten Spalte mit der rechten Maustaste auf den Titel einer *OneNote*-Seite. Wenn diese Seite bereits von anderen Personen bearbeitet wurde, ist dort der Eintrag *„Seitenversionen anzeigen"* im Kontextmenü verfügbar. Darüber kannst Du zwischengespeicherte Einträge mit Datum und Autoren-Hinweis einblenden.

Abbildung 8.4: Anzeige bisheriger Seitenversionen

Wähle einfach einen beliebigen Eintrag unter der eigentlichen Seite aus, um Dir die zwischengespeicherte Version anzeigen zu lassen. Solltest Du die erst später erfolgten Änderungen rückgängig machen wollen, kannst Du diese Version als Hauptseite wiederherstellen. Die Option dazu wird Dir in einer orangefarbenen Leiste ganz oben auf der Seite angezeigt.

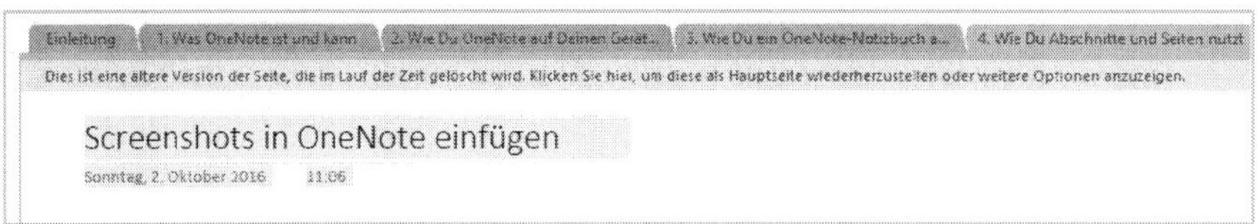

Abbildung 8.5: Seitenversion wiederherstellen

Blende die bisherigen Versionen sonst einfach aus, indem Du mit der rechten Maustaste wieder auf die entsprechende Seite in der rechten Spalte klickst und dann die Funktion auswählst.

8.2.6 Überprüfen

Wenn Du Dir mit Hilfe von *Microsoft OneNote* eine umfangreiche Informations- und Wissenssammlung anlegen willst, werden Dir die eingebauten Funktionen unter dem Reiter *„Überprüfen"* viel Freude machen. Hier stehen Dir u.a. die Rechtschreibprüfung, eine Recherche-Funktion mit flexibler Anbindung an verschiedene Online-Dienste, ein Synonym-Wörterbuch („Thesaurus") sowie ein Übersetzungs-Tool zur Verfügung – jeweils in verschiedenen Sprachen.

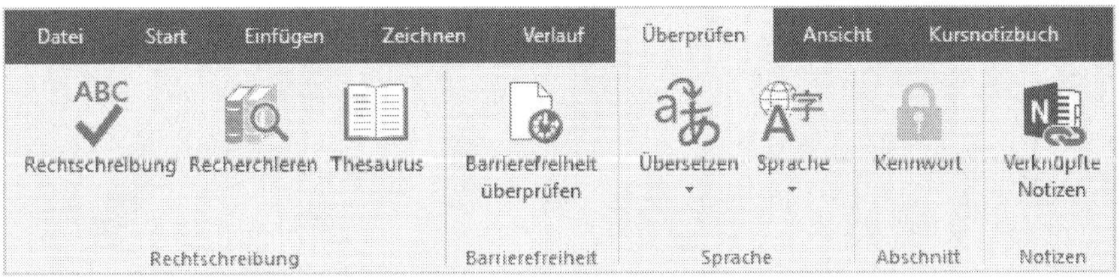

Abbildung 8.6: Funktionsleiste „Überprüfen" in OneNote

Entdecke die verschiedenen Optionen, indem Du sie einfach mal ausprobierst und auf diese Weise kennenlernst. Sie können Dich bei zahlreichen Aufgaben unterstützen, so dass Du ohne zusätzliche Programme auskommst.

8.2.7 Optionen

Zuletzt möchte ich Dich noch auf das Menü *„Optionen"* hinweisen, das es ja in allen *Office*-Programmen gibt und mit dem Du vor allem die Grundeinstellungen von *OneNote* an Deine persönlichen Bedürfnisse anpassen kannst: In welcher Schriftgröße sollen Seiten grundsätzlich angelegt werden? Wie oft soll *OneNote* Sicherheitskopien anlegen? Welche Funktionen möchtest Du in der Menüleiste für den schnellen Zugriff einfügen? Das alles und noch viel mehr kannst Du in den Optionen festlegen.

Das Menü öffnest Du, indem Du erst links oben auf *„Datei"* und dann auf den Eintrag *„Optionen"* am unteren Ende klickst. Es öffnet sich ein neues Fenster mit allen verfügbaren Einträgen. Passe *OneNote* an Deine eigene Arbeitsweise an und personalisiere Dein digitales Notizbuch ganz nach Wunsch.

Wir sehen uns im Netz!

„OneNote für Lehrer" – der Blog zum Buch:

http://www.onenote-fuer-lehrer.de

„OneNote Praxis-Tipps" bei Facebook:

https://www.facebook.com/OneNoteDE

„OneNote für Lehrer" bei Twitter:

https://twitter.com/OneNoteDE

Private Website:

http://www.stefan-malter.de